团队

余世维 ◎ 著

北京联合出版公司
Beijing United Publishing Co.,Ltd.

图书在版编目（CIP）数据

团队 / 余世维著 . —北京：北京联合出版公司，2023.12

ISBN 978-7-5596-7258-2

Ⅰ.①团… Ⅱ.①余… Ⅲ.①企业管理—团队管理 Ⅳ.① F272.9

中国国家版本馆 CIP 数据核字（2023）第 208168 号

北京市版权局著作权合同登记　图字：01-2023-1156 号

团队

作　　者：余世维
出 品 人：赵红仕
选题策划：北京时代光华图书有限公司
责任编辑：夏应鹏
特约编辑：李淼淼
封面设计：新艺书文化

北京联合出版公司出版
（北京市西城区德外大街 83 号楼 9 层　100088）
北京时代光华图书有限公司发行
北京晨旭印刷厂印刷　新华书店经销
字数 126 千字　787 毫米 ×1092 毫米　1/16　12.75 印张
2023 年 12 月第 1 版　2023 年 12 月第 1 次印刷
ISBN 978-7-5596-7258-2
定价：58.00 元

版权所有，侵权必究

未经书面许可，不得以任何方式转载、复制、翻印本书部分或全部内容。
本书若有质量问题，请与本社图书销售中心联系调换。电话：010-82894445

目录 CONTENTS

第一章 企业的成功离不开高绩效团队

> 古人云，下者用己之力，中者用人之力，上者用人之智。但凡非常优秀的企业，必定有集众人之智的团队。一家企业的成功也绝不是公司领导单个人的成功，而是公司整个团队的成功。在企业中，大家常常强调团队，每个企业也都希望自己有高绩效团队。那么，什么是团队？团队共有的工作方式是怎样的？团队和群体有何区别？怎样提高工作效率？如何组建高绩效团队？

团队的成功才是真正的成功 / 003

松散的群体不叫团队 / 007

选对团队类型，提高工作效率 / 013
  1. 顾问型团队——领导扮演顾问角色 / 013
  2. 伙伴型团队——领导扮演伙伴角色 / 015
  3. 教练型团队——领导扮演教练角色 / 017

如何组建高绩效团队 / 020

I

1. 优秀团队所必需的九种人才 / 020

2. 明确中层、高层管理者的领导责任 / 024

3. 选择合适的团队成员 / 026

4. 营造良好的企业氛围 / 030

第二章　铸造高绩效团队的三个要素

> 员工能否主动说出"这是我的公司"？遇到问题时，员工能否主动思考并说"我能"？日常工作中当别人需要自己协助时，员工能否说出"我帮你的忙"？以上三个问题的答案决定了你的公司是不是一个团队。判断一个组织是不是团队，要看三个要素：自主性、思考性、协作性。三者相互联系，缺一不可。

团队的自主性 / 037

1. "这是我的公司"——发挥自身的主动性 / 037

2. 自主性的三个关键词 / 040

3. 怎样培养团队的自主性 / 046

团队的思考性 / 053

1. "我能！"——善用思考性去解决问题 / 053

2. 发现并改正缺点——思考性的关键 / 056

3. 怎样培养团队的思考性 / 058

团队的协作性 / 069

1. "我帮你的忙"——不可忽视的内部客户服务 / 069

2. 怎样培养团队的协作性 / 071

第三章 优化团队的沟通形态

> 停顿型组织和变动型组织是组织的两种形态。前者以领导为中心，公司各部门都往上看，而忽视了横向合作沟通；后者则会随着环境的变化不断调整自己的活动方式，注重部门间的合作。那么，怎样做才不会令部门间协作断层，以实现质的转变呢？

摆脱停顿型组织 / 085

1. 垂直沟通只会令部门间协作断层 / 085
2. 不要让下属随便敲你的门 / 088
3. 让当事双方在你面前沟通 / 089
4. 做滥好人只会损伤团队战斗力 / 091
5. 批公文不是只能在办公室 / 092

打造高绩效的变动型组织 / 094

1. 水平沟通可加强部门间的协作性 / 094
2. 下放权力并鼎力支持 / 097
3. 不要总等着别人来找你沟通 / 101
4. 养成快速回报的习惯 / 103
5. 不要把问题和意见锁在抽屉里 / 104

第四章 高绩效团队的核心

> 团队犹如一座冰山，看不见的部分永远比看得见的部分更重要，因为冰山的大部分是藏在水面下的。要打造高绩效的团队，绝不能只把目光放在水面之上的部分，而应该去努力挖掘水面之下的部分。那么，高绩效团队在水面之下究竟藏了些什么？让我们一探究竟。

团队的冰山理论 / 107

共识：团队的根本 / 112

    1. 公司上下应有共同危机感 / 112

    2. 由两种管理导向延伸出的五种管理模式 / 114

    3. 全方位管理的两条路线 / 116

学习：团队的动力之源 / 118

    1. 团队精神是学出来的 / 118

    2. 企业教育——懂得规章的约束力 / 119

文化：团队的核心 / 124

    1. 企业文化不是口号和标语 / 124

    2. 没有核心文化就没有竞争力 / 127

    3. 打造企业特有的文化 / 130

第五章　会激励才会有高绩效团队

> 在现代社会，大家公认人是一种资源，但目前这种资源的潜能并没有完全被激发出来。很多公司的业绩不好，不是因为他们的员工能力不够，而是公司的领导缺乏激励措施。那么，什么是团队激励？激励的方法和工具有哪些？又可以通过哪些途径进行？

建立激发人心的激励机制 / 135

三步实现团队激励 / 138

    1. 第一步：肯定员工的作为和贡献 / 138

2. 第二步：看到员工面临的限制和障碍　/140

3. 第三步：为员工的需求提供方法和援助　/142

团队激励的工具　/145

1. 激励的货币性工具——最直接的激励　/146

2. 激励的非货币性工具——比金钱更有效的激励　/151

第六章　妥善解决团队冲突

> 许多人畏"冲突"如狼虎，却不知道冲突和绩效也能扯上正面关系，甚至可以利用冲突来改善绩效。那么当团队遇到冲突时，我们应该如何看待，又该如何控制，从而让冲突转化成改善绩效的动力呢？

学会利用冲突来改善绩效　/167

面对冲突的五种做法　/170

1. 逃避　/171

2. 抗争　/171

3. 自我牺牲　/172

4. 妥协　/174

5. 团队协作　/174

怎样化解团队内部的冲突　/178

1. 开会前对敏感问题应个别沟通　/178

2. 有结果前对各方意见加以隔离　/180

3. 提升自己的人格魅力　/182

V

4. 可以改善绩效的冲突都应该接受　/ 183

5. 找到冲突的薄弱环节　/ 184

6. 公司决定的就是对的　/ 184

怎样化解团队与外界的冲突　/ 186

1. "破冰"从简单的地方入手　/ 186

2. 在有争议的地方寻找契合点　/ 188

附录　工具表单　/ 189

第一章

企业的成功离不开高绩效团队

古人云,下者用己之力,中者用人之力,上者用人之智。但凡非常优秀的企业,必定有集众人之智的团队。一家企业的成功也绝不是公司领导单个人的成功,而是公司整个团队的成功。在企业中,大家常常强调团队,每个企业也都希望自己有高绩效团队。那么,什么是团队?团队共有的工作方式是怎样的?团队和群体有何区别?怎样提高工作效率?如何组建高绩效团队?

▪▪▪▪▪ 团队的成功才是真正的成功

大多数企业高层都提倡团队工作。团队工作离不开鼓励倾听、积极响应他人观点、为他人提供支持并尊重他人的兴趣和成就等价值观念。这些价值观念能帮助团队提高战斗力，改善个人以及组织整体的业务表现。团队并不是指任何在一起工作的团体，如委员会、理事会以及行动小组。可以这样定义团队：团队是一些才能互补并为负有共同责任的统一目标和标准而奉献的人员的集合。

团队的核心是共同奉献，没有这一

> 团队是一些才能互补并为负有共同责任的统一目标和标准而奉献的人员的集合。

团队

> 团队的核心是共同奉献，没有这一点，团队只是松散的个人集合。

点，团队只是松散的个人集合，无法凝聚成一股力量。

"经营之神"松下幸之助提出：公司要发挥全体员工的勤奋精神。他不断地向员工灌输"全员经营""群智经营"的思想。

所谓"全员经营""群智经营"，就是指松下电器的经营靠的是集公司全体员工的智慧、体力以及公司资本于一体的综合力量。松下电器非常强调团队精神，为了打造团队的凝聚力，松下幸之助直到60多岁时，还会在每年正月的一天，带领全体员工挥舞着旗帜，把货物送出工厂。别小看了这个举动，在目送几百辆货车浩浩荡荡地驶出厂区的过程中，每一个员工都会由衷地产生自豪感,为自己是这个团体的一员而感到骄傲,这种骄傲可以凝聚成一股力量,使公司在商业战场上战无不胜。

下者用己之力,中者用人之力,上者用人之智。松下电器的成功并不只是松下幸之助一个人的成功,因为单个人的力量总是有限的,团队合作对管理者的最终成功有着举足轻重的作用。一家企业实力超群,能在竞争中脱颖而出,绝对是与高绩效的团队分不开的。

> 单个人的力量总是有限的,团队合作对管理者的最终成功有着举足轻重的作用。

对于一家企业的管理者而言,真正意义上的成功必然是团队的成功。脱离团队,即使得到了个人的成功,往往也是变味的、苦涩的,长久下去对企业的发展是有害的。因此,管理者不应该只顾自己勇猛直前、孤军深入,而更应该带领手下共同前进,靠团队的力量来实现自己对事业的追求。

团队

> 在那些成功的团队中，每个成员都承担着各自分内的工作，所有成员，包括团队领导在内，都要以具体的行动为团队的工作成果贡献力量。

高绩效的团队会为了实现共同目标进行分工合作。在那些成功的团队中，每个成员都承担着各自分内的工作，所有成员，包括团队领导在内，都要以具体的行动为团队的工作成果贡献力量。这是推动团队取得业绩的一个非常重要的因素。

当人们为了共同的目标在一起工作时，信任和承诺会随之而来。因此，拥有强烈集体使命感的团队成员必将为了团队的业绩表现而共同承担责任。这种集体责任感同样可以产生丰厚的集体成果。

从另一方面看，单纯为了改善工作、进行交流、提高组织效率或者获得成功而组建的团体很难成为高绩效的团队。只有设定了适当的目标以及实现目标的方式，同时使各成员可以接受并一起承担责任，才能成为高绩效的团队。

第一章
企业的成功离不开高绩效团队

▪▪▪▪▪ 松散的群体不叫团队

说到团队，我们要与一个词语——"群体"区分开来。在现实生活中，人们很容易将这两个概念混为一谈。虽然群体可以向团队过渡，但实际上，团队和群体有着根本性的区别。

团队是指为了实现某一目标而由相互协作的个体所组成的正式集体。群体则是一组可能有着共同目的，但缺乏协作性、没有凝聚力的人。

即使不从概念的角度讲，我们也可以分辨出两者的差异（见表1-1）。我们说到一队人是一个团队时，是从内心认可它是有着高度的合作精神和集体战斗力的；而说到这只是一个群体时，是没有把它想象成一个有核心、有凝聚力、有完全协作精神的组织的。

团队

表1-1 团队角色与群体角色的差异

	群体角色	团队角色
角色描述	职位说明书	互相认知
产生方式	任命、聘任	自觉、自愿、自然
强制性	组织强制	自觉约束和规范
做得好时	表扬、奖励	绩效提高，奖励个人
做得不好时	惩戒	绩效下降，惩戒个人
管理方式	履行职位职责	充当合适的角色
地位	存在明显的地位差异	平等

下面，我们来分析一下公司中会碰到的四种情况是团队还是群体。

第一种情况：工作中，主管总是习惯高高在上、发号施令，而员工则总是习惯低眉顺眼、唯唯诺诺。

第二种情况：一个主管在外面开会或参加培训，中途总是忍不住出去打电话，原因有两个方面——第一，公司的人给他打电话，因为有事要找他拿主意，让他拍板、下决定；第二，他自己对公司的事或部门的人不放心，不知道他不在的时候手下的人能不能把事情做好、把任务执行好，所以要问问情况，做好安排，他心里才踏实。

第三种情况：一个公司设有意见箱或建有网络论坛，领导层提出战略和决策，干部和员工有70%的人踊跃提出想法和意见，

第一章
企业的成功离不开高绩效团队

最终公司领导层充分考虑了这些想法和意见。

第四种情况：在公司的垃圾桶旁边故意丢一根香蕉皮，或者在公司的洗手间门口故意扔一张纸，结果一个上午过去了都没有人去捡。大家都认为，这关我什么事啊，我又不是清洁工。

上面的四种情况，相信大家都能分辨得出来，哪一个是群体，哪一个是团队。下面我们结合不同的领导方式（见图1-1）来具体分析一下。

监督型领导

参与型领导

团队型领导

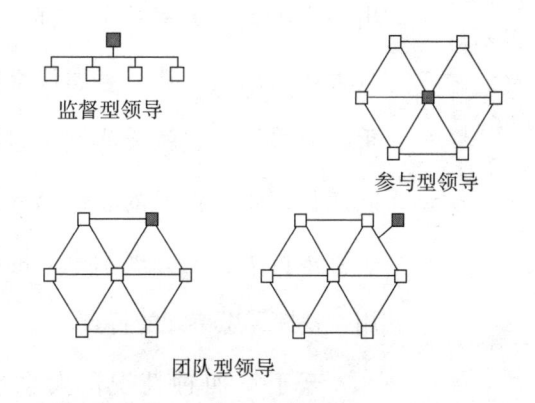

图1-1　三种领导方式（■代表领导，□代表员工）

第一种情况是监督型领导。在这种领导方式下的组织绝对是群体。为什么？很明显，在这个组织中，领导是监督型的、命令式的，完全是一人当家的作风；而下面的员工则是顺从型的、听话式的，没有自我，缺乏主动性。这样的组织，成员之间没有沟通，没有真正的向心力，不会有高度的凝聚力和协作性，最终不可能表现出团队精神。

第二种情况是参与型领导。在这种领导方式下，领导不在，公司就缺了主心骨；外面开会的开得不放心，里面做事的不知道如何是好。这样的组织依然只能是群体，因为它的成员没办法自动自发，工作上缺乏自主性。

第三种情况是团队型领导。公司做出一个决策，大家基本上都参与了，而且大家的想法、意见和建议都得到了尊重甚至采纳，这就说明这个组织是有团队意识、团队作风的。这样的组织里大家群策群力，充分展示个人的存在和作用，发挥了思考性的特点。

至于第四种情况，大家也可以在各自的公司做这样的实验，能证明什么呢？如果跟上面提到的情况一样，那么你的组织就是一个群体，反之可能就是一个团队。为什么？这是一个观念的问题，反映了公司中的人有没有一种协作的意识——大家相互补位、相互支援。没有这种意识，各个成员就会认为，那

第一章
企业的成功离不开高绩效团队

是别人的事，不是自己的事。那么，这样的组织怎么能算得上是团队呢？

除了上面的例子，我们还可以举一反三，把身边相近的例子拿出来比较。比如，在自己的公司，是不是员工有事情的时候都打电话找领导处理？公司 70% 的意见是不是从中层、基层收集上来的？员工在工作中有没有自己的思考？

像上面的第四种情况，我还可以举一个例子来验证。

> 有一次，我去某电梯公司办事，看到他们工厂大门进门处路旁立着的 logo 标牌有一个字母倒在了地上，一连好几天都没人管。每天那么多员工进出工厂大门，既有普通工人，也有主管，可谁都没想着去把倒在地上的字母扶起来。

这件事虽然小，却反映了一个事实：他们在团队精神方面的建设不够，大家都只顾做自己的事，很难主动承担工作职责之外的任务，缺乏基本的协作意识。

放到公司里来说，尽管大家都强调团队，但真正符合团队要求的为数不多。很多公司都存在第一、第二种情况，能做到第三种情况的比较少。大部分公司在收集意见时，能有 30% 的员工

团队

> 只有当这个组织上下齐心协力、自动自发地去工作,并在过程中发挥思考性和协作性的时候,我们才能说,这是一个真正的团队。

和干部参与就不错了。

打造一个真正的团队并不那么容易,只有当这个组织上下齐心协力、自动自发地去工作,并在过程中发挥思考性和协作性的时候,我们才能说,这是一个真正的团队。

▪▪▪▪ 选对团队类型，提高工作效率

团队按领导风格分，可分为顾问型团队、伙伴型团队、教练型团队三种，在不同的类型中，领导扮演着不同的角色。

1. 顾问型团队——领导扮演顾问角色

顾问型团队与前述参与型领导方式看似相同，却有本质区别。在参与型领导方式下，领导是中心，一切都由领导下命令、做监督，员工毫无自主性。而在顾问型团队中，公司领导站在中间，干部和员工们围绕在领导周围（见图1-2），干部和员工有什么问题，可以在思考之后，带着问题及自己认为的答案去请教领导。在这里，领导充当顾问的角色，负责对员工进行工作指

团队

导。虽然领导起主导作用，但员工不是完全被动的，他们理解领导的决策，会在自觉拥护的基础上去执行。

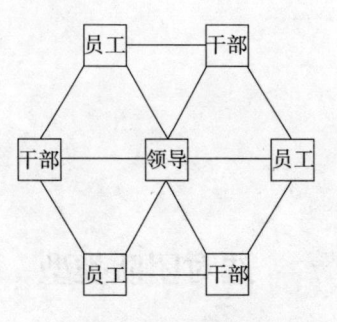

图 1-2　顾问型团队

1993年，郭士纳接手国际商业机器公司（IBM）时，这家超大型企业因为机构臃肿和孤立封闭的企业文化已经变得步履蹒跚，亏损高达几百亿美元，面临被拆分的危险。郭士纳入职后一心埋头搞调研，然后，他把公司200家最大客户的信息官请来开会，只提了一个问题：IBM对在哪里，错在哪里？做完这项工作以后，他果断地卖掉了IBM在曼哈顿岛上的豪华大楼及价值2500万美元的藏画，把亏损的业务部门一概砍去。

根据客户从"等米下锅"到"端饭回家"要求的变化，郭士纳指导下属对工作进行了新的调整。他果断地改组公司结构，集中资金加强科研与发展，把"为用户做饭"作为公司的经营方针。由此，IBM全体员工在郭士纳的带领下把个人电脑发展成了公司的拳头产品之一，网络产品也是层出不穷，让公司彻底打了一场翻身仗。郭士纳让 IBM 这个团队成功地从生产硬件转为提供服务，后又提出"e-Business On Demand（电子商务，随需应变）"的理念，勾勒出电子商务发展的蓝图。

2. 伙伴型团队——领导扮演伙伴角色

伙伴型团队对应的是前述团队型领导的其中一种方式。在伙伴型团队中，公司领导不再处于中心的位置，而是把自己定位为与干部、员工在同一个平台工作的伙伴。在这里，领导、干部和广大员工围成一个圈，大家围绕工作目标一起努力，形成的是工作伙伴关系（见图 1-3）。

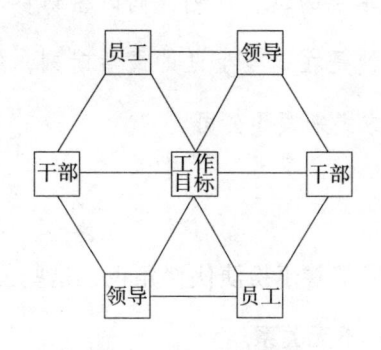

图 1-3　伙伴型团队

无论是杰克·韦尔奇领导下的 GE（通用电气）、山姆·沃尔顿领导下的沃尔玛，还是赫布·凯莱赫领导下的美国西南航空，公司内部都可以强烈地感受到这些高层管理者无所不在。公司里几乎每个员工都认识他们，了解他们的主张，也知道他们对员工有何期望。他们都是优秀的沟通者，也是公司员工的工作伙伴。

这类公司领导之所以能在公司内无所不在而且颇具影响力，是因为他们密切留意员工与运营方面的状况，他们了解来自第一线的事实并且不避讳和员工讨论实情。他们对细节知道得非常多，对从事的工作也是热情高涨，以身作则，影响着整个公司的人。

杰克·韦尔奇在 GE 担任 CEO（首席执行官）长达 20 年，在任期的最后一年，他每周仍会花 10 个小时来审核公司各单位的运营计划，同时密切参与员工之间的对话。即使是在职业生涯的最后时刻，他也还是以主动参与的方式来领导公司。

上述公司领导都善于扮演伙伴角色，这些公司的基业长青，与他们的领导方式不无关系。

3. 教练型团队——领导扮演教练角色

教练型团队对应的是前述团队型领导的另一种方式，是这三种类型的团队中最高效的一种。在教练型团队中，公司领导起着教练的作用，重在帮助团队明确目标、关注团队成员各自的现状，使每个成员都能取得进步，并引导他们取长补短，实现优势组合，最终创造高绩效（见图1-4）。

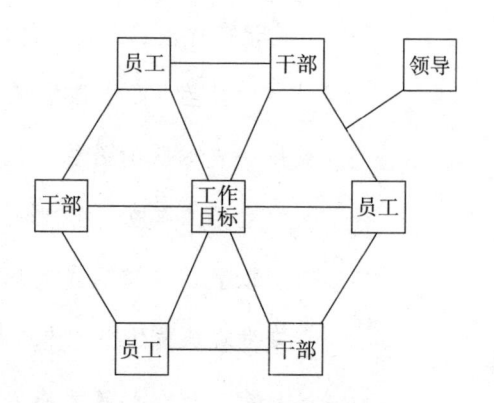

图1-4 教练型团队

凡是与罗兰·贝格咨询公司的创始人罗兰·贝格打过交道的人都知道，他不会忘记任何事情，哪怕是一件极小的事情。他每天都接触各式各样的人，他会用录音记录下每一件他觉得有价值的事情，并让秘书整理打印后交到相关人员的手上。

罗兰·贝格还会在每一份"内部备忘录"上标明时间,到了某个时间,秘书就要把某份"内部备忘录"内提及的相关资料放到他的案头。所以,谁也不能心存侥幸,以为罗兰·贝格能忘记一件他曾经关心过的事情。

罗兰·贝格常常把自己比作一支球队的教练,认为教练的主要工作应该在球场上完成,所以教练应该通过实际的观察来发现球员的个人优点和特长。只有这样,教练才能为球员找到更合适的位置,并把自己的经验、智慧和建议传达给球员。

> 公司领导的教练工作不仅仅是训练,更是辅导、参谋、揭露矛盾以及教育。

具体而言,公司领导的教练工作不仅仅是训练,更是辅导、参谋、揭露矛盾以及教育。训练工作要求管理者具备倾听的能力和真实表达赞赏、感谢的能力。在团队成员首次做某件事之前或者之后，要对他们给予特殊的鼓励或者纠正他们的错误时可以进行训练。辅导就是公司领导要帮助能力出众的团队成员体现出他们的能力。参谋就是当出现问题或工作有障碍的时候，公司领导要给予团队成员建设性意见以及支持和鼓励，并进行双向讨论。揭露矛盾就是把工作中存在的问题、成员的重大工作失误正面公布出来，发动大家一起解决问题、纠正错误。教育就是我们通常所说的培训。

总之，公司的领导者不能局限于做领导，还要做好员工的教练，不断地通过各种训练来引导员工发展、促进员工成长。除非万不得已，否则一定不要插手员工的工作，要让他独立解决问题，以增强他的责任感和对公司的归属感，从而提高团队的整体效率。

如何组建高绩效团队

1. 优秀团队所必需的九种人才

没有人会把五个木球手放到一支篮球队里,或者试图用十一个拳击手组建一支足球队,道理似乎很明显。然而一些组织仍然容易患上所谓的阿波罗综合征(Apollo syndrome),认为一个由优秀的人员组成的团队一定能战无不胜,事实上并非如此。一个好的团队,其成员应该各有完成任务所需要的不同技能,而且性格不同、爱好不同。

> 一个好的团队,其成员应该各有完成任务所需要的不同技能,而且性格不同、爱好不同。

英国研究学者梅雷迪思·贝尔宾（Meredith Belbin）提出了团队角色理论，列举了一个优秀团队所必须具有的九种人才。

第一，智多星（Plant，PL）。他们创造能力强，善于为团队的发展和任务执行出谋划策。他们不善于与气场不同的人交流，倾向于和团队其他成员保持距离，喜欢运用自己的想象力独自完成任务。

第二，外交家（Resource Investigator，RI）。他们为人随和，热情外向，善于与人打交道。他们多是谈判高手，也乐于听取并采纳别人的想法。他们善于挖掘新的机遇和资源，喜欢在新事物中寻找潜在的可能性。但他们的热情需要在别人的持续激励下才能发挥出来。

第三，审议员（Monitor Evaluator，ME）。他们态度严肃，谨慎理智，做事向来三思而行，做决策较慢。基本上他们所做的决定都不会出错。

第四，协调者（Co-ordinator，CO）。他们成熟、自信，值得信赖。他们大多拥有远见卓识，知人善用，可以很快识别对方的长处并用来达成团队目标。他们通常能获得团队全体成员的尊重，能够凝聚团队的力量向共同的目标努力。

第五，鞭策者（Shaper，SH）。他们精力充沛，充满干劲，渴望成就，有强大的驱动力。他们喜欢领导并激励他人采取行动。他们顽强又自信，面对困难和挫折会积极寻找解决办法。

他们对人际关系不太敏感，好争辩，是团队中最具竞争性的人。

第六，凝聚者（Teamworker，TW）。他们性格温和，擅长与人交往，总是主动关心他人，是团队中的最佳倾听者。他们灵活性强，能适应不同的环境和人。但他们有些优柔寡断，不善于处理危机。

第七，执行者（Implementer，IMP）。他们有强烈的自我控制力和纪律意识，倾向于努力工作以及系统化地解决问题。他们总是将自身与团队紧密相连，较少关注个人诉求，忠诚度很高。

第八，完成者（Completer Finisher，CF）。他们做事坚持不懈，注意细节，一般不会去做自己认为完成不了的事。他们大多偏好自己完成任务，不太需要外部激励或推动。

第九，专业师（Specialist，SP）。他们总是专注于对专业知识的探究，维持自己在本职领域内的专业度，很少关注其他领域。他们大多会成为只对专一领域有贡献的专家。

团队是由个体聚集在一起形成的，在执行任务或者解决问题时需要用到每个成员的才能。团队赢了，则团队中的每个人都赢；团队输了，则每个人都输。团队成员要有与集体目标一致的目的感和忠诚感。

一个好的团队富于刺激，让人兴奋，充满支持和成功。一个糟糕的团队则是可怕的地方，如同监狱。好的团队不是偶然诞生的，它需要一个过程。如果我们理解了这些，就能塑造出好的团队。

任何团队都有一个从组建、成长到成熟的过程。对很多团队来说，"青春期"之后，是动荡的时期，团队成员开始挑战最初的组织形式。动荡之后是规范期，团队开始在新的工作方式中稳定下来，成员找到各自的定位和所能担当的职责，开始做出他们的贡献。最后，团队走向真正的成熟，各人能够担当重任。

团队的形成、动荡、规范和成熟是任何一个团队生命中必经的阶段。忽略它们常常会导致"青春期"延迟，这时团队开始走向瓦解，使得团队成长的整个过程不得不重新开始。

没有一个像在临时家庭一样一起成长的机会，团队就无法形成互相信任的氛围。要高效率地工作，团队需要信任，团队成员需要时间来建立这种信任关系，也需要时间来成长。

> 没有一个像在临时家庭一样一起成长的机会，团队就无法形成互相信任的氛围。要高效率地工作，团队需要信任，团队成员需要时间来建立这种信任关系，也需要时间来成长。

2. 明确中层、高层管理者的领导责任

高层管理者的领导责任

第一，建立愿景与共识。心理学大师马斯洛曾说："杰出团队的显著特征，便是拥有共同的愿景与目的。"学习型组织的第三项修炼便是建立共同愿景。高层主管拥有企业的整体掌控权，堪称企业的舵手，因此其必须寻找未来的航向，并促进大家达成共识。

第二，制定与实施战略。"战略决定一切""上兵伐谋"，都在表达战略的重要性。如何在竞争中将企业有限的资源转化为获胜的因素，并且合理地运用这些因素去实现战略构想，是高层管理者极其重要的任务。

第三，汇集与分配资源。企业必须拥有相关的资源方能发挥组织效能，高层管理者应该站在整个企业的高度，从宏观的角度去汇集资源，并依照战略分配资源，使其发挥综合的最大效益。

第四，创建与维持企业文化。企业文化是企业的灵魂，是看不见摸不着却时时刻刻影响企业运作的力量。企业文化是价值观、行为、习惯、风俗、典礼、仪式的综合体，也是所有人员的内在规范，优秀的企业文化可以为企业带来生命力与内聚力，可以使企业遵循较佳的路径发展。

以上任务有几个共同点：一是较为抽象，不易简单地处理；二是不具有紧急性，平时不会造成压力，因此可能拖延再三；三

是短时间难以评论成败,因此检测较为困难。

高层管理者对企业的影响是巨大的、长远的,所以其必须有兢兢业业、如履薄冰的精神,并保持高度的警觉性与危机意识。

> 高层管理者对企业的影响是巨大的、长远的,所以其必须有兢兢业业、如履薄冰的精神,并保持高度的警觉性与危机意识。

中层管理者的领导责任

第一,建立程序与标准。无规矩不成方圆,部门要能有效运作,中层管理者必须在部门中建立必要的标准与程序,使之成为部门的职能与习惯,使下属愿意遵从。

第二,设定目标与计划。中层管理者应将企业的战略目标分解为部门具体的工作目标,并依此制定执行的方案,将任务分配给适当的员工,在合理的预算与时间内实现目标。

第三,激励士气。人是有情感的动物,对于心理上认同与喜欢的事情,做起来自然愉快顺畅。激励下属,调动其积极性,是每个管理者重要的任务。提高士气的方法与下属的价值观、喜好、情绪、人格特质有关。

第四，培训下属。如果下属的能力不足，就会造成无法有效地完成任务。所以除了调动下属的积极性外，还要培训他们，使其能适应工作的要求。当前的环境变化迅速，技能也需要随之改变，所以培训下属是一场持续性的活动。转变为学习型组织，形成终身学习的观念，是现代化组织发展的必然趋势。

中层管理者的任务特点是将抽象的目标转化为具体的行动，并促使团队成员既有意愿也有能力去实现。因此中层管理者要实现有效领导，必须有清晰的思维、严谨的计划、丰富的创意、贯彻执行的毅力和融洽的人际关系。

3. 选择合适的团队成员

不管是企业的决策者还是经营管理者，都会面临这样的问题：怎样才能让

> 中层管理者要实现有效领导，必须有清晰的思维、严谨的计划、丰富的创意、贯彻执行的毅力和融洽的人际关系。

员工充分发挥作用，创造出卓越的绩效呢？这里涉及一个非常关键的环节——团队成员的选择。

孙膑提出"间于天地之间，莫贵于人"的论断，其着眼点就在于训练精兵强将，提高军队的战斗力。对于企业，管理者的素质固然非常重要，但是也万万不可忽视团队成员的水平。孙膑对士兵的要求是"篡贤取良"（精选士兵，确保兵精卒锐）、严格法制、严格训练和耐心管理，使之勇于战、巧于势、美于德、善于调养。企业何尝不需要这样的精兵强将！

一个人不可能完美，但团队可以。那么管理者应怎样选择团队成员呢？

> 一个人不可能完美，但团队可以。

经验、智力、决心并不代表一切

经验仅仅能够说明此人在过去的工作年限中有一定积累。随着市场的快速变化和行业竞争水平的不断提升，经验有时候可能不是一件好事，反而可能成为因循守旧、故步自封的最大原因。智

团队

> 经验、智力、决心，都只是建立杰出团队、创造高绩效的必要非充分条件。

力也不能说明什么问题，现实生活中绝大多数人的智商都是差不多的，聪明绝顶的人只是极少数。但一家企业的发展壮大不可能靠一个或几个聪明人就能实现，只有卓越的团队才有可能做到这一点。至于决心更不能说明什么问题，因为它的主观性很强。一个人之所以要表现得决心够大，很可能是出于入职、加薪、升职等个人目的。因此，经验、智力、决心，都只是建立杰出团队、创造高绩效的必要非充分条件。

关注优势而不是抓住弱点

每个人都有自己的弱点，试图让个人克服自己的弱点，大多会是一件吃力不讨好的事情——尽管你的出发点可能是非常好的，对此人也绝对是有益的。与其教育一个员工认识并改变他的缺点，不如肯定他的优点和长处，并用种种手段（包括物质的和精神的）进行激励，让他更乐于发挥自己的长处，而不是把工作变成一件需要改变自己很多东西的苦差事。我们需要明确：人并不能改变太多，因此不要在他并不擅长的方面浪费时间。正确的做法是：尽量发挥员工已有的优点，并将他安排到最适合其优点的工作岗位上去。

团队成员不是越多越好

成功的团队规模并不大，一般在2人到25人之间。规模超过50人，从理论上讲也可以组成团队，但是这种规模的团队更容易分裂为较小的集团，而不是作为一个单一单位发挥功效。

除了选择最佳的规模之外，团队必须寻找最佳的特长组合，也就是说，为了工作的需要而选择技能互补的成员。团队的技能要求一般可分为三类：

第一，技术和专业知识。让一群医生在法庭上处理一件劳务诉讼显然是毫无意义的，但是由医生和律师组成的团队往往能一起处理医疗事故和人身伤害的案件。

第二，解决问题和制定决策的技巧。团队必须能够发现潜在的问题和机遇，斟酌各种选择方案，并且在权衡利弊之后决定前进的方式。

第三，人际关系技巧。如果缺乏有效的交流沟通和建设性的碰撞，那么共同目标和相互理解便是一句空谈。

可以看出，团队能否高效工作，不在于团队成员是否人数众多，而在于团队成员彼此间能否做到技能上的相互补充。

4. 营造良好的企业氛围

美国沃辛顿工业公司的总裁曾提出一条"黄金法则"：关爱你的客户，关爱你的员工，那么市场就会对你倍加关爱。"客户"是企业的外部客户，"员工"是企业的内部客户，只有内外兼顾，不顾此失彼，企业才能获得最终的成功。

员工是企业利润的创造者，如果员工对企业满意度高，他们就会以企业为家，努力工作，为企业创造更多价值。员工对企业如果不满意，要么离职，要么留在企业但已经失去了积极工作的意愿，这两种结果都是企业所不愿看到的。所以，一家追求成功的企业，应当重视提高企业内部客户——员工的满意度。而员工的高满意度离不开良好的企业氛围，只有公平竞争、追求进步、自由开

> 员工的高满意度离不开良好的企业氛围，只有公平竞争、追求进步、自由开放的环境，员工才能由满意逐渐变为忠诚。

放的环境，员工才能由满意逐渐变为忠诚。

营造公平竞争的企业氛围

公平是员工对企业的最基本要求。公平可以使员工踏实地工作，使员工相信付出多少就会有多少回报。公平的企业使员工满意，让员工能够心无杂念地工作。

公平体现在企业管理的各个方面，如招聘时的公平、绩效考评时的公平、报酬系统的公平、晋升机会的公平、辞退时的公平，以及离职时的公平，等等。

在工作中，员工最需要的就是能够公平竞争。在法国，麦当劳的每个员工都处在同一条起跑线上。一个有文凭的年轻人首先要做4～6个月的实习助理，从事最基层的工作，如炸薯条、烤牛排、收款等，学会保持清洁和最佳服务的方法。之后再转到第二个工作岗位上：二级助理。具体工作为每天在规定的时间内负责餐厅运营工作，承担一部分管理工作，如订货、排班、统计……在实践中摸索经验。晋升对于麦当劳的每个员工都是公平的，适应快、能力强的人晋升的速度就会快。

松下电器重点推行资格制和招聘制，这大大增加了人事管理的公平性和透明度，提高了员工的竞争意识和组织活力。公司首先在内部提出某项需要公开招聘的职位，各类员工均可应聘，但必须提出自己的工作计划，参加类似设计比赛的竞争活动，并接受相应的资格测验。经过各项定量的考评之后，最终确定相应的人员。为了资格制和招聘制的实施，公司还改革了工资制度，使人事考评公开化、科学化。

营造追求进步的企业氛围

企业不断追求进步表现为：重视培训，重视员工的职业发展。培训包括理念、心态培训和个人技能、能力培训。

当今社会，环境变化是常态，外界的不断变化对想在竞争中脱颖而出的人提出了更高的要求。面对变化，员工需要首先在观念和思维方式上发生转变，养成与新环境相适应的新观念和思维方式，培养从新角度看问题的能力。其次，员工的心态也应得到重视，需要通过培训来为完成新任务创造心理条件。

随着社会发展速度越来越快，员工在工作中所需的技能和知识的更新速度也日益加快，因此，技能和能力方面的培训已成为员工提高工作效率、增强竞争力的必要途径。从员工的角度来看，自身的发展进步已经成为他们衡量自己的工作、生活质量的一个重要指标。所以，培训也是员工选择企业的一个优先指标。

> 某银行非常重视员工的培训,它每年的培训经费支出高达几千万元人民币。银行要求员工每年制订一个自我培训计划,并把培训与晋级、提升、奖金等政策紧密结合,从而调动员工参加培训的积极性。

其实,愿意花钱培训员工的公司很多。但是,部分企业的领导者对培训的理解仅限于对员工技能的培训,以致企业只重视技能培训而忽视态度的培训,如对企业文化的传承、企业凝聚力的加强、员工工作热情的激发等的培训。因此,即便一些企业非常注重培训,但实际效果并不好。一旦员工技能得到了长足的提高,却又缺乏正确的工作态度和良好的职业精神,员工的离职率就会居高不下,这时,如果企业减少对员工培训的投入,又会让一部分员工对公司丧失信心,进而提高离职率,给企业的发展带来很大的困难,所以这个"怪圈"一定要注意避开。

营造自由开放的企业氛围

现代社会中,人们对于自由的渴望越来越强烈。员工普遍希望企业是一个自由开放的系统,能给予足够的支持与信任,以及丰富的工作内容,使自己能在企业里自由平等地沟通。

古语说:"疑人不用,用人不疑。"要想使员工的满意度提高,企业必须给予员工足够的信任与授权,让他们自主地完成工作任务,放开手脚,尽情地在工作中发挥才能。

自由开放的企业应当给员工提供工作轮换的机会,让员工到本职以外的部门和工作岗位上任职,这种任命一般是暂时的。这种工作岗位定期轮换的制度,可以保证员工有更多的发展机会,并对工作保持新鲜感。

自由开放的企业应当拥有一个开放的沟通系统,以促进员工间的关系融洽,增强员工的参与意识,推动上下级之间的意见交流,促使工作任务更有效地传达。

在 GE,各级别管理者都实行了"门户开放"政策,欢迎员工随时进入他们的办公室反映情况,对于员工的来信来访妥善处理。公司的高层管理者和公司的全体员工每年至少举办一次生动活泼的自由讨论。

■ 第二章

铸造高绩效团队的三个要素

员工能否主动说出"这是我的公司"？遇到问题时，员工能否主动思考并说"我能"？日常工作中当别人需要自己协助时，员工能否说出"我帮你的忙"？以上三个问题的答案决定了你的公司是不是一个团队。判断一个组织是不是团队，要看三个要素：自主性、思考性、协作性。三者相互联系，缺一不可。

■■■■ **团队的自主性**

1."这是我的公司"——发挥自身的主动性

高绩效团队的第一个要素是自主性。什么是自主性？我们用案例来说明。

有一本书叫作《这是你的船》，书中分享了美国一名驱逐舰舰长成功管理团队的经验。

这位舰长名叫迈克尔·阿伯拉肖夫，1997年接管一艘士气低落的驱逐舰。他上任之后，采取了种种办法，终于带领这艘驱逐舰创造了骄人的成绩，成为美国海军公认的典范。

有人问他:"你是如何带领这艘舰获得成功的?"他说:"没有别的,我只是让我的全体官兵记住一句话——'这是你的船',这样就可以了。"

"这是你的船",这句话本身没有什么特别高深的道理,迈克尔只是让我们明白了一点,他之所以能带领队伍走出低谷,走向辉煌,最关键的原因,就是他能让全体船员都本着自主的精神,以船为家,以队伍的发展为自己事业的发展。

那么,我们在进行公司管理时,是否也能让员工说出"这是我的公司"这句话呢?

如果你让你的每一名员工都记住并说出"这是我的公司",那么你的公司就会比别的公司拥有更强的竞争力。

> 如果你让你的每一名员工都记住并说出"这是我的公司",那么你的公司就会比别的公司拥有更强的竞争力。

为什么这么说？因为自主性对于团队的建设非常重要，当员工能说出"这是我的公司"的时候，他已经做到了以公司为家，把公司的事业当成自己的事业，以公司的发展为自己的发展，他在工作中就能充分发挥自身的主动性和创造性，和公司一起走向成功！

> 我在一些餐厅看到，服务员都忙着干活儿，基本上没有人闲在一边无所适从，更不会有人无聊得发呆。
>
> 而在另外一些餐厅，似乎总能看到有服务员悠闲地站在一边，一个人发呆或者几个人闲聊，哪怕当时餐厅里客人非常多，他们也没有忙于招待，而是自顾自地站在一边，非要等到客人叫他们，甚至叫好几次，他们才会慢条斯理地过来提供服务。难道他们真的没有事情做吗？不，他们只是眼里没活儿，认为老板不说，自己也感觉不到有什么事情需要做，那就不做。
>
> 看到这两个截然相反的场景，我们就能明白为什么有的餐厅做得那么好，回头客很多，而有的餐厅却开不长久了。

可见，如果员工的自主性存在问题，那就很难组成团队了，这需要管理者好好反思。

2. 自主性的三个关键词

主动反馈，以"回报"代替"汇报"

"汇报"是大多数公司经常用到的一个词语，但我们要知道，"汇报"是单向的，是员工在上司的要求下进行汇总报告。在团队中，需要以"回报"来代替"汇报"。"回报"，即回头报告，它是一种良性反馈，是主动的、双向的，员工要在工作的每一个节点，向上司说明自己的工作动态。这样做的目的，一是让上司放心，对交给下属的工作心中有数，二是可以让员工随时发现问题并及时纠偏，而不是最后做总结了才发现工作的结果与上司的要求早已南辕北辙。一定要注意，回报是一种主动的反馈，不是等被问到时才被动地回答。

公司的主管们要怎样养成回报的习惯，对上一级管理者交付的任务进行积

> 回报是一种主动的反馈，不是等被问到时才被动地回答。

极主动的反馈呢？平常的笔记本是一个非常值得利用的简单工具。

笔记本打开，是左右两面，左边的一面，可以写上司交代的工作任务；右边的一面，可以写要交代给下属的工作任务。每天上班后，先看看左边上司交代的事情，就能够知道哪些事情需要在中午以前向上司回报；看看右边交代下属的事情，就能了解中午12点以前谁会过来向自己回报。这样做了，就能逐渐养成回报的习惯，并在团队中带起回报的工作作风。一个高绩效的团队，信息一定是上通下达的。养成回报的风气，能让信息的流动更顺畅。

一个高绩效的团队，信息一定是上通下达的。养成回报的风气，能让信息的流动更顺畅。

主动沟通，不要孤芳自赏

工作能力一向出色的小王被提拔做了物料部经理。正式上任以后，小王开始到各个部门逐一拜访,对各相关部门的负责人都很诚恳地说上一番话。比如,对上司说:"李总,承蒙您赏识,提拔我做物料部的经理,谢谢公司给我这个机会,我以后工作中有什么问题,还请您及时点拨……"对财务部的罗经理说:"罗经理,我们物料部和你们财务部以后有什么沟通不太好的地方,您尽管说,以后一定要多指教……"对人事部的张经理说:"张经理,我梳理了一下我们部门的人员结构,接下来的招聘计划,还请您帮忙把关……"

有些人的做法却相反。营销部的小杨也升职做了部门经理。上任以后,小杨从小隔间换到了大办公室,他没有去各部门主动沟通,而是每天都大大咧咧地坐在大办公室里,等着别人来向自己恭贺升迁之喜或者汇报工作。

试想一下,他们两个人哪一个在公司会更受欢迎?答案很明显。一年以后,王经理被提为副总,杨经理又回到了他的小隔间。

同是新主管,王经理是有意识地主动与他人沟通,而杨经理则是"躲进小楼成一统",而后者的做法是目前多数人在升职以后常犯的毛病。公司提拔主管，是要主管在自己的位置上能跟别的部门不断沟通以提高工作业绩，而不是任其孤芳自赏的。沟通的基本问题是心态，基本原理是关心，基本要求是主动。因此，主管们一定要学会主动沟通。

> 沟通的基本问题是心态，基本原理是关心，基本要求是主动。

主动关切，比别人多做一点

有一次，我去一家位列世界500强的公司，该公司的黄副总经理约了我。

我手拎公文包进入他们公司大堂，当时，大堂前厅的接待台内坐了两位前台小姐。她们看到我，一句话也没有说。我也故意没有上前询问，而是坐到了前厅一旁的沙发上。没多久，我的手机就响了："老余啊，你是不是还没到啊？路上车很堵是不是？"是约我来的黄副总打的电话。

"我已经到了。"

"到了？在哪里？"

"我在楼下，坐在你们的前厅。"

"啊？你为什么不上来？"

我告诉他我不想上去，请他下来一趟。

他下来以后，我对他说："老黄啊，你们公司可是世界500强之一，大公司应该有大公司的样子。可是我到了以后，你们的两位前台小姐望望我，半天了一句话都不问。所以，我就坐在这儿，看看什么时候能有机会被请上去。"

我还开玩笑地补充了一句："老黄，你不下来，我今天就不上去了。我打算坐到中午，看看你们的前台小姐会怎么想，怎么做？"

显然，他们的这两位前台小姐在主动关切这方面做得很不够，或许，他们公司在这方面的要求也不到位。

这不禁让我想起我曾在另一家公司遇到的情形。我每次去那家公司办事，一进门就会有人上来打招呼，不管这个人是不是前台工作人员，也不管我和他之前是否见过面、是否认识。

第二章
铸造高绩效团队的三个要素

很多公司的员工都像案例中的那两位前台小姐一样，对公司的来客漠不关心。如果前台没有人，别的员工也顶多会去喊喊前台工作人员，提醒他有客人来公司了，几乎没有人会主动把客人带到会客室，更别提给来访的客人泡一杯茶或者倒一杯水了。说到这儿，相信大多数人可能还会为自己辩解："我又不是前台人员，问候和接待客人不是我的工作，而且进来的客人也不是找我的。"这种做法恰好体现了你没有主动关切的工作态度。

在公司里面，如果大家都不主动反馈，不主动沟通，也不主动关切，那么这样的公司怎么能形成一个团队呢？要想让员工主动关切工作中的人与事，除了提出这方面的行为要求，更需要管理者多思考员工提出过什么方法、表达过什么想法，员工只有参与得越多，其自主性才会越强。

> 要想让员工主动关切工作中的人与事，除了提出这方面的行为要求，更需要管理者多思考员工提出过什么方法、表达过什么想法，员工只有参与得越多，其自主性才会越强。

团队

3. 怎样培养团队的自主性

明确授权范围，不是所有的事情都需要请示

管理者对员工都是存在授权关系的，获得授权的员工能增强全盘规划工作的主动性，并能够在过程中担负起相应的责任，而不再事事依靠上司的指令行事。在授权的时候，管理者首先应该考虑的，不是员工能否把授权范围内的所有工作都做好，而是员工是否清楚地知道这个范围。

打个不太恰当的比方，我们用羊圈来形容授权范围。100只成年育肥羊的羊圈一般有150平方米，被圈在其中的羊会走遍这个羊圈里的每一个地方吗？不一定！那么，在管理者所授权的工作范围以内，员工每个地方都能做好吗？答案很明显：不一定。

而大多数情况下，员工并不了解哪些事情需要请示，哪些事情可以自行操作，也就是这只羊不知道这个羊圈有多

> 获得授权的员工能增强全盘规划工作的主动性，并能够在过程中担负起相应的责任，而不再事事依靠上司的指令行事。

大，不知道自己能走的地方有哪些，所以管理者在授权的时候，首先需要明确授权范围，要明确地告诉员工，哪些事情是需要请示的，哪些事情是不需要请示的，而不用过于在意员工能不能把每一件事情都做到最好。

为了让员工明确自己的权限范围，管理者和员工不妨各自罗列一下哪些是自己认为需要请示的事项，哪些是不需要请示的事项，放在一起比较。如果管理者写了九件，而员工只写了其中的六件，那么管理者就可以明确地告诉员工，另外三件也是他自己可以做主的，属于"有效操作空间"，无须请示。

分清轻重缓急，设计优先顺序

假设有一天，某公司老总把财务经理请了过来："吕经理，作为一个财务经理，你认为最重要的工作有哪些，请你把自己认为最重要的三项工作写出来。"财务经理写了一份，老总也写了一份，两份一对比，老总写的第一项工作是筹募资金，第二项工作是分配预算，第三项工作是追踪每一笔资金或支出的效益，而财务经理写的第一项工作是会计报表。这时，老总就可以告诉财务经理："吕经理，我最在乎的是这三件事情，它们才是财务部门最重要的事情，以后这个会计报表，你就不用太关心了，会计部的人会做。"这样，财务经理工作的优先次序问题就解决了。

也许有人会有疑问：财务经理最重要的工作难道不是准备财务报表吗？答案是"不是"，准备财务报表是会计的工作。公司既然分出财务、会计、出纳这三个职位，那这三个职位所专事的工作肯定是不一样的。出纳的工作是负责日常资金收支、银行票据保管等，会计的工作是处理账务和税务等，财务的工作是对资金进行筹集、分配与运用等。在上面假设的场景中，吕经理原来不知道这件事情要先做，老总授权下去，就帮他明确了工作的优先次序问题。

另外，部门主管和员工明确工作的紧急程度也很重要。很紧急的事情要先做，不紧急的事情要后做。如果一个人每天都在做重要的和紧急的事情，人们一般就会认为他是尽职尽责的。相反，如果我们发现一个人每天都在做一些既不重要也不紧急的事情，就可能对他有两种看法：一是认为这个人不重要，因为他每天都在做琐碎的小事；二是认为这个人只知道逃避工作，不愿意承担责任。所以，对工作的轻重缓急区分不好的话，不仅容易遗漏真正的要事，使工作难见成效，也会让别人对自己有不好的看法，对个人的发展不利，久而久之，更会对公司的发展不利。

请记住，对于非常紧急且非常重要的事，必须立刻着手去做。对于重要但是不太紧急的事，可以放到第二步去做。对于有点急但是不太重要的事，可以放到第三步做。对于不紧急也不重要的事，最后做就行了。

定期调整授权范围，进行扩张与缩减

很多公司都不会对某个人的授权范围进行调整，而是一直等到那个人离职，才把权力全部收回来。这种做法并不合适，一个人走不走是一回事，但工作做得好不好，是需要定期考核的。对于好或不好的结果，在他走以前就要进行一些相应的处理。权力授下去以后是需要调整的，可以结合定期考核，每半年或者一年调整一次，把执行人的权限范围按照其自动自发的程度适当地进行扩张和缩减。对于不自动自发的干部或员工，

> 对于非常紧急且非常重要的事，必须立刻着手去做。对于重要但是不太紧急的事，可以放到第二步去做。对于有点急但是不太重要的事，可以放到第三步做。对于不紧急也不重要的事，最后做就行了。

> 权力授下去之后是需要调整的，可以结合定期考核，每半年或者一年调整一次。

团队

应当把他们的权力慢慢地收回来,让他们的权力范围越来越小,直到只局限于他自己的范围;对于自动自发的干部或员工,就应当逐步增加他们的权力,让他们的权力范围越来越大。

从另一个角度来讲,这也会对其他人起到警示的作用。

大事会上说,小事随时说

为什么有些公司开会总是有讲不完的事情呢?我认为原因之一就是这些公司一开会,所有的大事小事,芝麻绿豆、鸡毛蒜皮的琐碎事,全都拿到会上来讲。这样很不合适。会议是留给重要的事情的,不要让会议变成琐碎事务的集中地。各个部门的主管和公司高层管理者坐在一起开会,应该讨论跟大家有关的会议内容、跟公司业务有关的内容,一些小事甚至个人的私事,没有必要拿到会议上来浪费大家的时间。对于管理者来说,有些小事是可以随时发现并随

> 会议是留给重要的事情的,不要让会议变成琐碎事务的集中地。

第二章
铸造高绩效团队的三个要素

时提醒员工的。这样做，效果也会比较显著，下次遇到类似的情况，员工也更容易记起你的提醒，主动改进自己做得不好的地方。

有一次，我去公司的一个部门开会的时候，发现该部门的丁小姐在饮水机处接完水后，没有回到自己的座位上，而是直接站在饮水机旁边喝。当时我很纳闷，饮水机就在办公室的门口附近，喝完了以后再过来接是很方便的，为什么她不回到自己的座位上去喝呢？

不一会儿，我就知道为什么了。当时另一个员工小杜也跑过去接水，一按水阀，水没有了。守候在旁的丁小姐就笑起来了："呵呵，我这个是最后一杯。"原来她接到了最后一杯水，接完了却不想走，想要看看是哪个"倒霉鬼"过来会喝不到水。

我马上回头对她说："丁小姐，请到茶水间去拿一桶纯净水过来。"

小杜说："我去，我去。"

"不，你留下，丁小姐现在去。"我说这些话的时候，脸上一点儿笑容都没有。丁小姐知道我肯定不是开玩笑的，就赶紧到茶水间去搬了一桶纯净水来，小杜帮她装了上去。

等她弄完，我就在那个办公室里当众讲了下面这些话："各位，以后喝水，如果谁喝到最后一杯，就请把它换上。不要天天喝别人给你换的水，知道了吗？"

通过这次事件，我相信大家以后都不会像丁小姐那样，接完最后一杯水再等着看别人的笑话了。

> 管理者一定要适时地提醒员工，让他们主动关注自己的言行，以后别再犯同样的错误。

上面的案例中我的做法，就是机会教育。管理者一定要适时地提醒员工，让他们主动关注自己的言行，以后别再犯同样的错误。

案例中的小事根本不需要开会的时候讲，但又不能不讲，那么碰到了随时提醒就可以，而且这种小事带有很强的即时性，也跟团队精神的建设密切相关，管理者碰到了马上就讲，还可以让员工加深印象，从而增强其改进的主动性。

第二章
铸造高绩效团队的三个要素

▪▪▪▪ 团队的思考性

1."我能!"——善用思考性去解决问题

许多公司中都存在这样一个现象：管理者开动脑筋，管理者下达意见，管理者做出决策，员工都依照管理者的指挥做事。管理者思考问题的比重日益加大，而员工却养成了惰性，遇到问题的时候不愿意自己思考，越来越依赖领导。这种做法是很不可取的。

前些年，中国移动做得很不错。绝大多数人应该都看过它的广告，广告里经常出现两个字：我能！

团队

在我们面对以下这些难题的时候：

上班时，到了公司才发现自己的手机忘在家里了；

停车场在地下三层，但是到了地下，发现想打手机却打不通；

……

没关系，中国移动可以帮助用户解决：

中国移动能够帮用户把手机呼叫转移到他们办公室的电话上；

中国移动的信号可以覆盖到地下；

……

> 认真做事，只能把事做对。用心做事，才能把事做好。

中国移动的广告是什么意思？很简单，就是：我们能用心去解决客户的问题。认真做事，只能把事做对。用心做事，才能把事做好。正是因为用心，中国移动现在的业务才能如此庞大，才能拥有全球第一的网络和客户规模，并连续多年被美国《财富》杂志评为世界500强企业。

再看另外一个案例。

> 小宋乘坐的飞机就要起飞了,在关闭舱门以前,小宋的太太给他打了一个电话:"哎哟,小宋,我在去医院的路上,肚子好痛,可能要生了!"
>
> 小宋很紧张,就跟空姐说:"小姐,我太太要生了。"
>
> 空姐本来可以安慰他,却没有,只是很职业化地对小宋说:"先生,舱门马上就要关闭了,飞机立刻就要起飞,请关闭您的手机。"

案例中小宋的航班要飞五个小时。在这五个小时里,小宋肯定心里很难受,坐立难安。如果飞机上有可供乘客在紧急情况下使用的卫星电话,哪怕只是替他们和地面上的人传个话,那乘客的体验该有多好?价格贵些没关系,只要能和他太太保持联系,相信小宋会愿意的。

其实不管什么事情,只要你用心,就一定可以做得更周到。

> 我们都知道饭前要洗手,可如果是在外面吃饭,就没那么方便了。在过去,餐厅里鲜见洗手台。其实

团队

一个洗手台顶多占 1.5 平方米的面积。有的餐厅虽然有洗手间，但洗手间首先是供人大小便的地方，算不得专门洗手的地方，所以，很少有人到餐厅的洗手间去洗手。大家到了餐厅，基本上都是往椅子上一坐，等上了菜就直接吃起来了。

现在，不少餐厅都会专门设置一个洗手台，方便客人洗手。相信这个举措会提高客人的满意度，这就是用心的结果。

2. 发现并改正缺点——思考性的关键

思考性的关键在于，通过思考你能改正缺点。对公司来讲，就是要经常发现并改善公司存在的问题；对公司的每一个员工或干部来讲，就是要经常复盘自己所负责的工作，思考做得不足、需要改进的地方。如果每个人每个月改正一个缺点，然后加以记录，进行定期地总结和检讨，日积月累，缺点就会离我们越来越远。其实这个道理大家都知道，但很多人就是知道怎么做却不去做。

香港亨达集团的产品和技术更新换代非常快，这源于集团的一个重要理念，叫作"学习是第一生产力"。集团内部有个亨达大讲堂，在这个大讲堂里，员工们可以自由地说出自己的想法，并提出改进的意见。上下级之间不断地切磋，同级同事之间不断地交流，借由这种方法，来激发每个人的想象力。

光发现问题还不够，一定要思考如何解决问题。亨达集团的做法给了我们启示，我们应该要求自己的员工，让他们对自己所负责的工作提出改进意见。管理者要经常问员工三句话：你喜欢目前的这份工作吗？你觉得这份工作用到你的长处，发挥出你的强项了吗？对于你做得不好的地方，你想到什么改善的方法了吗？

此外，在进行员工考核的时候，我们都非常喜欢用形容词，比如郑小姐为人很和气、老袁很有魄力、小金很上进、

> 光发现问题还不够，一定要思考如何解决问题。

老左很执着等,这些都叫作性格描述。我的建议是,进行员工考核时,不要作性格描述,应该把重点放在缺点改正上,改掉缺点比性格描述要重要,因为它直接关系到公司的生产经营状况。

3. 怎样培养团队的思考性

引导员工思考并解决问题

总经理问人力资源部门的主管韩经理:"你觉得你这个部门的工作有没有什么问题?你在工作过程中有没有碰到什么问题?"

韩经理肯定不会说:"我看什么问题都没有。"没有人敢讲这句话,那他会怎么讲呢?

他会很巧妙地说:"是有点问题。"

"好的,韩经理,现在请你回去想一下,下午下班以前告诉我具体有什么问题。"

其实根本不用等到下午下班,四十分钟以后,韩经理就回来了。

"总经理,我觉得有三个问题。"

"好的,韩经理,请你再回去想想看,这三个问题

第二章
铸造高绩效团队的三个要素

应该怎么解决。"

以这样的方式进行下去,韩经理会在总经理的引导下,把该解决的问题解决好。

从以上的案例中,我们可以总结出以下几点:

作为公司领导,首先,你应该引导你的员工和干部去发觉他的岗位和他的部门有什么问题;其次,你不是来替某个员工想办法的,他自己要先想办法,他要就这个问题提出自己的想法或者对策,然后才能积极主动地去解决问题。

作为一个管理者,你既要看到下属的长处,也要能引导下属发现自己的短处,解决自身存在的问题。如果你的员工遇事不会动脑筋,不要把责任全推到他头上,你也是有责任的,因为你没有逼迫他,你对他没有要求,时间长了,他的脑筋就会生锈,再也转不动了。

> 作为一个管理者,你既要看到下属的长处,也要能引导下属发现自己的短处,解决自身存在的问题。

团队

定期优化工作流程

还有一点是非常重要的——一定要重视制度的力量。不管什么事情,制度化都是必需的。员工不会自动自发地去思考,那么,你应该要求你们公司的部门主管每三个月或者每半年,提出一次流程改善建议;部门主管也应该要求下属员工定期对岗位工作的流程进行梳理,找出可以改进之处。公司每一个领导、每一个部门主管,都有这个责任和义务。这样不仅可以改善不足,提高效率,更可以促进全员主动思考,让团队更具思考性。

> 定期优化工作流程,不仅可以改善不足,提高效率,更可以促进全员主动思考,让团队更具思考性。

每次去医院看病,我都特别受不了医院的流程。

患者看一次病,几乎一大半的时间都是在等待或者跑来跑去。在一大堆人的长队里等待了半天之后,患者先在一楼挂号，再到三楼看病，又去一楼交检查费，然后到四楼做检查，拿到结果再去三楼找医生，然后又去交药费，最后去拿药，永远都这样跑来跑去，而且过程中的每个环节都要排队等候，把患者折腾得身心俱疲。（当然现在很多医院已经有了自助服务机，节省了不少时间。）如果能把流程改善一下，或许患者的体验就会好很多，医生看诊的效率或许也能得到提高，但是医院的工作人员整天已经疲于工作了，根本就没办法去思考、去改善。

保持员工的"新知摄取量"

每个公司都应该有一个信息部，这里说的信息部不是维修电脑、维护网络的部门，而是专门负责收集产业信息的部门。这个部门应该替员工收集行业相关的信息，并且整理、分析这些信息，让员工们传阅，为他们的思考提供参考资料。知识摄取对个人思考非常重要，有输入才有输出，没有输入，怎么会有输出呢？

员工的不断学习基本上是通过两个方面进行的：第一个是自主学习；第二个是公司促进学习，即公司为员工提供新的信息，保持员工的"新知摄取量"。因此，员工自动自发地学习，只是构成团队思考性的一部分，公司帮员工收集信息很重要，推动他

团队

> 员工自动自发地学习，只是构成团队思考性的一部分，公司帮员工收集信息很重要，推动他们思考更为重要。

们思考更为重要。这是因为经过专人整理、分析的信息，其准确性和系统性要远远高于员工个人搜集到的零散的、孤立的信息。

某汽车制造企业为了让员工能及时了解行业新动态，组织企业的认证部、市场部等相关部门的员工，围绕国内外车辆及零部件出口形势，我国及欧美的政策与法规的变化，部分国家和地区在安全生产、品质管控、环境保护等方面的规定，以及未来行业认证需求等课题展开培训学习。

员工们结合在课程上获悉的各类信息，针对本岗位工作展开思考，表达了自己的观点和想法，并在相互交流的过程中使这些想法得到完善，为今

第二章
铸造高绩效团队的三个要素

后的工作打下了理论基础。同时，通过对政策变化方面信息的解读，员工们也明确了接下来工作的方向和重心，有针对性地调整了工作计划，确保下一阶段的工作不跑偏，有成效。

从这个案例中我们可以得到启示：公司要给员工提供最好的学习机会，要为员工提供丰富的信息资料，推动员工在此基础上多加思考。

模仿加改良等于创新

1973年，马丁·库珀在摩托罗拉实验室里研制出了世界上第一部手机。1993年，IBM和贝尔南方公司（Bell South）合作制造了世界上第一部配有早期触摸屏的智能手机IBM Simon。他们的发明在行业领域内具有划时代的意义，然而在智能手机早已普及的今天，知道他们

> 公司要给员工提供最好的学习机会，要为员工提供丰富的信息资料，推动员工在此基础上多加思考。

的人却寥寥无几。

所以，一件东西到底是谁发明的，或许不是市场和消费者关注的重点，商品的使用者更在意的，是这件东西是否更好用，是否可以让工作、生活更方便。

上述第一部手机，既笨重又不便捷。它体积较大，通话时间只有35分钟，充电时间却要10小时，而且只有拨打和接听电话两种功能。IBM Simon，机身有23厘米长，重达半公斤。可智能手机发展到今天，已是小巧轻便、功能众多了。

之所以会有如此大的变化，就是因为后面的手机制造商在前人的基础之上不断对手机的外观、功能加以改良，以最大程度地满足消费者的需求，甚至创造消费者都没想到的新需求。

有这样一个公式：模仿他人＋改良优化＝创新。即创新是从模仿开始的，关键在于改良优化。模仿并没有错，重要的是在模仿别人的基础上有自己的创意。

为什么要模仿？因为模仿可以让你

> 模仿并没有错，重要的是在模仿别人的基础上有自己的创意。

第二章
铸造高绩效团队的三个要素

找到前进的目标和方向，可以帮你在短时间内缩短自己与领先者之间的距离。

为什么要改良优化？因为如果只是单纯模仿，那就是抄袭了，你做出来的东西永远是"山寨货"，你永远成不了行业标杆。只有不断地改良优化，加入新的东西，才能一步一步打造自己的独特性，才能让自己有超越领先者的可能。

如果你的公司、你的团队遇到了瓶颈，难有创意，你就可以带着你的员工去"抄袭"，然后想办法优化，从而找到创新点。

腾讯公司董事会主席兼CEO马化腾说过，模仿是最稳妥的创新。

腾讯的最初业务是为一些寻呼台做系统集成。之后开始模仿即时通信软件ICQ的功能和特性，开发出中文界面的即时通信软件，OICQ，即后来的QQ。QQ一经推出，就受到众多用户的青睐，短短几年，海量用户资源就为腾讯带来了巨额收入。

此后，腾讯又开发出微信、腾讯会议、企业微信等产品，提供更丰富多元的通信场景，深度捆绑用户。而在这些产品上，似乎都有别人的影子，比如Kik Messenger、钉钉等，但这些产品又都在持续改良优化，不断增加新的功能满足使用者在不同场景下的使用需求。

如果只是一味模仿，那么腾讯永远只能做跟风者。不断优化产品，把一个产品的功能做到极致，使腾讯走在了别人前面，甚至做出了颠覆式的创新。比如微信的出现，就颠覆了运营商的网络话语权，重新定义了移动互联网。

打破一些习惯或规定

创新源于我们不断的思考，这同样需要打破陈规的勇气。如果你总是墨守成规，跟在别人后面亦步亦趋，你多半成不了最优秀的人，你的团队也很难取得成功。

人是一种习惯性动物，一旦习惯了

第二章
铸造高绩效团队的三个要素

某一行为，就不容易改变。

如果让你把两只手交叉握起来，是左手还是右手的大拇指在上面？不管是哪只手的大拇指在上面，这个习惯一旦养成了，你一辈子都是这个习惯，很难改变。左手拇指压在上面的人，永远都是左手拇指在上面；右手拇指压在上面的人，永远都是右手拇指在上面。如果让你刻意换一下，你还会觉得很别扭。

再想一下，拧毛巾的时候你是怎么拧的？是左手在前、右手在后，还是右手在前、左手在后？这也是一个习惯。

一旦习惯了某件事情，受制约久了，越拘束就会越没有想象力，越呆板就会越没有思考力，人就很难产生创意了。所以，你要不断地刺激自己思考，刺激员工思考。

从生活上来讲，我给大家一些这样的建议：以后不要常常吃同样的盒饭，不要常常喝同样的饮料，不要每天晚上看同样的频道和电视节目，不要常常去看某些电影院的电影，不要总是跟一些固定的朋友交往，不要总是看同一个作者的小说，不要常常穿同样颜色的衣服，不要总是在家里摆同一种花……甚至于你要常常用你的左手代替你常用的右手。在心理学和管理学领域，一般认为人的右脑主要支配左手、左腿及左耳，左脑主要支配右手、右腿及右耳。绝大部分人是右利手，平时不太使用左手，可以锻炼自己的左手，多尝试用左手拿调羹、开门、拿文件、翻书等，多用左手去做以前总是习惯用右手做的事情，刺激刺激自己的右脑。对于左利手的人而言，则可进行相反的操作。这样，你的大脑有了新的刺激，就容易产生创意了。

我们开会的时候，永远都是领导坐上面，员工坐下面；永远都是领导先讲话，员工后讲话；永远都是在会议室，而且按照一定的议程，连先后次序都不变。严格来讲，这不叫"开会"，应该叫"政策传达"。

所以，我有一个建议：领导不一定要坐在台上，也可以坐到台下，或者大家围成一个圈，座位不分主次；开会的时候，可以先让员工讲，再让领导讲；开会也不一定非要在办公室开，大家中午吃饭围在一起，可以开会，下午喝咖啡的时候，也可以开会，大家出去团建，一样可以开会。我认为，会议开得有意义，要提高大家的参与度，要去刺激大家的思想，开会的形式或地点倒不是我们应该关注的重点。

第二章
铸造高绩效团队的三个要素

团队的协作性

1. "我帮你的忙"——不可忽视的内部客户服务

"我答应你""我帮你的忙",有服务承诺的意思。在团队中,它包含两个方面:一个是内部服务,一个是外部服务。每一个公司都有内部客户和外部客户。内部服务是针对内部客户的,公司内部门与部门之间互为内部客户;外部服务是针对公司的外部客户的。

以A集团为例。集团内部有很多部门相互间都存在内部客户关系:财务部和采购部、采购部与物料部、物料部与生产部、生产部与包装部、包装部与仓储部、仓储部与物流部、物流部与市场部、市场部与销售部,都互为供需;销售部再影响财务部,

团队

这就形成了一个闭环；人力资源部又为上述所有部门服务；再加上研发部，这条供需链就更完整了。所以，我们可以说，该集团内部就是一条巨大的供应链，部门与部门之间环环相扣，彼此需要，彼此服务。其实，每一个公司都是这样的，各个部门互为内部客户。

再来看外部客户。在公司之外，与我们有业务往来的人叫作外部客户。如果我们对内部客户都没有服务到位，那我们能服务好外部客户吗？答案是否定的。因此，我们应该先搞好内部客户服务，再去服务外部客户。

某航空公司的机组人员回家的时候，公司都会专门用班车把他们送回去，确保他们在执飞之后能安全回家。

该公司还规定，如果执飞的机组人员的孩子在家里生病，并且没有人带他去看病，那么公司会派人带孩子去看病。李乘务员马上就要去出任务了，但是孩子生病发高烧，正好又赶上她老公出差，一起住的母亲腿脚也不方便，不能带孩子去看病。按照公司的规定，公司就会派人过来，带她的孩子去看病，帮她照顾孩子。这样，她就可以安心地工作了，而不用在工作的时候还惦记着孩子，难过、着急了。

与内部服务相对应，该航空公司的外部服务做得也非常好，我觉得很重要的一点，就是他们的内部服务做得特别好，让所有的员工在公司里都有归属感，整个团队有一股凝聚的力量。

如果连自己公司内部的部门之间都不能服务好的话，很难让人相信他们的对外服务能做得好。所以，要想做好外部客户服务，应该首先做好内部客户服务。

> 如果连自己公司内部的部门之间都不能服务好的话，很难让人相信他们的对外服务能做得好。

2. 怎样培养团队的协作性

员工不但要愿意自主做事、愿意开动脑筋，还要善于与周围的人合作，协作性非常重要。企业的管理者更应该充分重视团队的协作性。

在工作中培养团队精神

要在工作中养成团队精神，有五个要点。

第一，不推诿。

不推诿表现在两个方面。第一个方面，被上司批评或者指责的时候，不要常常提起自己下属或同事的名字。因为大家分工合作，如果上司批评你，你立马把错误引向下属或同事，那么你的责任、你的担当在哪里呢？换一个角度，你愿意和这种推卸责任的人共事吗？第二个方面，不管遇到什么事情，要先承认是自己的失误，再去调查真正犯错的人。因为大家都参与了这件事，如果出现问题，每个人都有责任，作为部门的主管，你也可能犯错，所以你要先检讨自己的部门、自己的管理有没有错，再去调查和分析别的部门是否也有错，自己部门的错误又是谁造成的。作为普通员工，你也要这么做，先承认自己的失误，再分析问题的根源，找到解决的办法，确保不再犯错。有时候，让上司生气的，往往不是你犯了一次错，而是你做错之后不愿担责、不懂反思，甚至在同样的问题上接连犯错。

第二，不扯后腿。

某公司有两个业务员。有一天，甲听说乙最近联系上一个大客户，快准备签合同了，于是千方百计地找到了这个客户，对他说乙给的价格不是最优的，自己能给更低的价格。为了让客户和自己签单，甲还说

第二章
铸造高绩效团队的三个要素

了很多中伤乙的话。客户虽不知甲所说的是不是无中生有，心存疑虑之下，便不与乙签合同了，但最终也没有与甲签合同，因为在客户眼中，甲的所作所为更是小人之举，其人品不值得信赖。

一个大单，最后谁也没拿着，对公司而言是不小的损失。因此，管理者应该对扯后腿的行为予以制止，让员工有意识地约束和修正自己的做法，即便不能去帮助别人，但至少不会扯人家的后腿。公司因此减少了内耗，团队精神就有了生长的土壤。

第三，远离个人英雄主义。

有很多公司很喜欢把明星员工的照片挂在墙上，以表彰先进、树立模范，激励其他人向他们学习。其实，我觉得这样做不太妥当。这里有两个问题：其

> 管理者应该对扯后腿的行为予以制止，让员工有意识地约束和修正自己的做法。

团队

> 团队的成功不是一两个人的功劳，而是大家的荣誉；团队的失败也不是一两个人造成的，而是大家的羞耻。

一，把明星员工的照片挂在墙上，别人就会向他学习吗？其二，我们要强调团队精神，却只突出个人，未免显得有些矛盾。

过于突出明星员工，反而容易造成团队离心离德。要培养团队精神，应该让大家认识到：团队的成功不是一两个人的功劳，而是大家的荣誉；团队的失败也不是一两个人造成的，而是大家的羞耻。

过分强调了个人英雄主义，最终，非但激励作用甚微，很可能还会使团队整体遭到破坏，个人主义得到张扬。

一个项目是大家一起努力做出来的，结果公司只表彰了项目负责人，那项目小组的其他成员会作何感想？下一次他们还会努力付出吗？

第四，不过于强调个人奖金。

很多公司都喜欢把奖金发给业务人员，我个人觉得，这样做并不好。一个公司的成功不可能只靠销售，而是要靠很多环节的顺利衔接和密切合作，从供应物料、生产、品管，到包装、仓储、物流，最后再到销售，这些环节中的工作人员谁没有做出贡献呢？但是，发奖金的时候，只发给销售人员个人，那么其他人会怎么想？恐怕以后除了销售人员，公司里就再也没有人愿意努力了。

> 我们公司的薪酬体制一共有五部分，是这样设计的：
>
> 一是基本薪水，二是个人奖金（这部分与个人绩效挂钩），三是团队奖金（这部分与团队表现挂钩），四是后勤奖金（包括会计、财务、研发、统计、品管、人力资源、仓储等），五是特别奖金（专门针对特别事件的奖金）。
>
> 关于特别奖金，我举例说明一下。我们第三厂有天晚上发生了火灾，几个值班人员立即奋不顾身地去救火，最后把火扑灭了，使损失降到了最低。于是，厂里给他们每个人都发了一笔奖金。这种奖金就叫作特别奖金。

公司如果这样设计薪酬，就会照顾到所有的人。个人奖金是很重要，但不能过多强调。团队奖金、后勤奖金就是为了弥补个人奖金的不足、突出团队的作用而设置的。

第五，不隐藏信息。

一般来说，一个机构或组织最接近客户的地方就是第一线。第一线最接近客户，因此也就集中了第一手信息。那么，第一线如何反馈和通报信息，就显得举足轻重了。如果在第一线这个信息最发达、最集中的地方，所有的信息都被隐藏了起来，没有反映到上面去，那么上面的主管和作决策的人，也许永远都听不到正确的和最新的信息。

因此，我建议公司应该在第一线建立填卡片的制度，今天来了什么客人，客人说了什么，都要在卡片上填写出来，然后由专人整理出重点并存档，在需要的时候随时可查。

上海某饭店，几位顾客吃完饭结账后，有个女士走过来看了一下餐桌，然后问道："先生，这道菜是不是不好吃呀？"确实，那道菜太油腻了，顾客只吃了一两口。得到顾客的答复后，那位女士又说："先生，下次您再来点这道菜的时候，可以事先跟我讲一下，我会让厨师按照您的口味来做。"原来，这位女士是饭店的经理。只要她看到顾客吃饭时哪道菜没动或者只吃了一两口，就会上前询问顾客，掌握第一线的资料，然后反馈给厨师，对菜品做出相应的改进。这就证明，要想真正了解顾客的需求，就该深入到大厅这个第一线，做好信息收集的工作。

如果大家所掌握的信息都互不相通，我们就会不了解客户在想什么。小到饭店的经营，大到公司的决策，都会出现信息上的漏洞。有了漏洞，公司的整体运营就会有所欠缺，别人也会钻这个空子。有团队精神的公司，是不容易出现这种漏洞的。

做事情别只顾自己

请想象这样的场景，一家公司的人出去郊游，在山脚下野餐，准备烤肉，只有两三个人挥着汗，在太阳底下架烧烤架、生火、烤肉，大多数人都在阴凉处聊天、打牌，其中还有几个人会大呼小叫地说："哎呀，烤好了没有？快点！饿死了！"另一家公司的人去郊游，也是烤肉。到了目的地，大家很快分好工，你们几个架烧烤架，我们几个负责搬炭生火，他们两人为大家烤肉，剩下的人则布置场地、准备食物等。大家有说有笑地干着活儿。这两家公司，你更愿意去哪一家？

再想象一下，大家要回公司了，有一些人什么都不管，抢先冲到车上，找个最好的地方，坐下，帽子一拽，衣领一拉，手一交叉，就等着开车了。有一些人则是收拾好场地，等大家都上车后再上车。这两种人，你更愿意和谁成为同事？

后一家公司的员工，后一种人，都是有团队精神的，他们做事时都会考虑别人。

其实不一定是去郊游，公司里只要举办什么活动、有什么项目，你注意看，很容易就看得出来哪些人是只顾自己的。只顾自己的人，就是缺少团队精神的人。

华为的企业文化，那就是一个"狼"字。

任正非先生说狼有三个特性。第一，狼嗜血，什么地方有血腥味，它很快就能闻到。作为一家企业，华为要随时保持对商机的敏感，任何地方有商机、有利益，华为就要像狼闻到血腥味一样，能够马上敏锐地感觉到。第二，狼不避风雨，不怕寒冷，环境再恶劣也能生存下去。面对激烈的市场竞争、强大的竞争对手，甚至国外严苛的管制政策，华为都无所畏惧，毫不退缩，迎难而上。第三，也是最重要的，狼是群居动物，一出动就是一群，打的是团体战，很少单兵出击。华为的成功，也离不开这种团队精神。

如果公司的人都只顾自己，不管别人，毫无团队精神，那么他们很难形成一个团队，协作性更是无从谈起。

注意在团队中的一些礼仪

第一，问好礼仪。

一般的员工进出企业，遇到部门主管或高层领导问题都应该要主动问好。同事之间，碰面时也应该相互打个招呼，尤其是非同部门的同事，不能因为彼此不是部门同事，就视而不见。

> 一次，朗讯科技（中国）有限公司的李总找我给他们公司的员工上课，特别要求我在上课的时候向员工提两件事情。
>
> 第一件事，他们开会时彼此之间应该先打个招呼，不要干等着开会。

团队

> 第二件事，以后他们彼此之间不要经常使用上海方言交流。

一个有团队精神的公司，一定是一个有规矩的地方。

在我看来，李总有这两点要求，其实是出于对公司氛围的不满。因为大家互不打招呼，经常讲方言，沟通是不到位的，也没有考虑别人的感受。这说明整个公司非常缺乏团队精神。

一个有团队精神的公司，一定是一个有规矩的地方。

第二，乘车礼仪。

在乘车的时候，副驾驶的位置是小位，也就是说，那个位置是给职位比较低的人坐的。后面一排则是给职位比较高的人坐的，通常右边是给一号坐的，左边是给二号坐的，中间是给三号坐的。所以，如果你跟老总一起乘车，你把副驾驶的门打开跟他说"老总您请坐"，就不合适了。

为什么坐后排中间的是三号人物？

因为没有人喜欢被夹在中间，尤其是坐在汽车里，中间是车子主轴经过的地方，坐着不舒服。所以如果有尊贵的客人，千万不要让他坐在中间。

也许有人会说，后排左边的位置也很好啊，但是出于安全考虑，我们一般都会让人从右边上车，从右边车门进到左边的位置，人得猫着腰进去，很不方便，谁会让更重要的人这么做呢？所以，你应该把右边车门打开，请老总坐好，然后自己再绕到左边坐下。

不过，开车的如果是车主，情况就不一样了。司机是车主，他旁边的位置就是大位，你如果坐到后面，就是把他当作司机，不妥当了。

我想提醒大家的是，如果你们公司的员工缺少这方面的意识，你要教育他。自己的员工，我们要自己在公司内教育好，不要让他在外面被人家教育。如果员工因此得罪了客户，那就得不偿失了。

或许有人会觉得这些都是小事，和工作没什么关系。但如果想让公司产生团队精神，想让团队有凝聚力，还就得从这些小事做起。礼仪做好了，人心才能齐，人心齐了，才有增强协作性的可能。

改进从最难啃的骨头下手

每个公司总有些很难沟通、很难协调的事情，要想增强团队协作性，就应该从这些事情入手，好好地解决。

因此，我提个建议，你可以在你们公司里面找两三件最难沟通、最不容易协调并且大家都很容易疏忽的事情，盯紧员工，把它们做成项目，不断地给员工提要求，一直到他们习惯为止，这样，以后他们做别的事情，也就会慢慢习惯多协调、沟通了。人与人之间就是要不断地沟通、协调，人最怕的就是没有好的想法，他做一件事情习惯了，就容易连改进的想法都没有了，所以有句话叫作"不怕做不到，只怕想不到"。

■ 第三章

优化团队的沟通形态

　　停顿型组织和变动型组织是组织的两种形态。前者以领导为中心，公司各部门都往上看，而忽视了横向合作沟通；后者则会随着环境的变化不断调整自己的活动方式，注重部门间的合作。那么，怎样做才不会令部门间协作断层，以实现质的转变呢？

第三章
优化团队的沟通形态

摆脱停顿型组织

1. 垂直沟通只会令部门间协作断层

所谓停顿型组织,就是这个组织不会进步,只能原地踏步,处于停顿的状态。如图 3-1 所示。

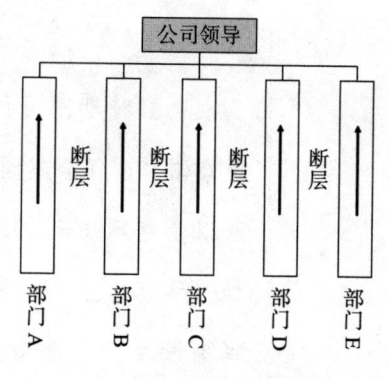

图 3-1　停顿型组织

> 公司里有好多事情没有处理好，并不是这件事情本身有什么问题，而是因为人与人、小组与小组、部门与部门之间的沟通不畅，大家只从自己的角度出发，没有协作。

图中所显示的停顿型组织有 A、B、C、D、E 五个部门，部门与部门之间很明显是断层的，也就是部门与部门之间不沟通也不协作。各个部门的通病就是眼睛都喜欢往上看，盯着上面的领导，因为他们的薪水、考核、升迁等事宜都是由这个领导决定的。而当大家的眼睛统统往上看的时候，部门与部门之间的协作就停止了。

公司里有好多事情没有处理好，并不是这件事情本身有什么问题，而是因为人与人、小组与小组、部门与部门之间的沟通不畅，大家只从自己的角度出发，没有协作。

> 战国时期，蔺相如两次出使秦国，为保全赵国立下大功。所以，赵惠文王十分信任蔺相如，拜他为上卿，地位在大将军廉颇之上。廉颇很不服气，

第三章
优化团队的沟通形态

私下对自己的门客说:"我是赵国大将,立下过多少汗马功劳!蔺相如有什么了不起的,反倒爬到我头上来了!等见到他,我一定要给他点颜色看看。"

这话传到了蔺相如的耳朵里,蔺相如就装病不去上朝,以避免和廉颇碰面。有一天,蔺相如带着门客坐车出门时,老远就看见廉颇的车马了,蔺相如便赶忙让赶车人把自己的车退到小巷里,打算躲一躲。这让蔺相如的门客很不解,他们认为蔺相如不该如此胆小怕事。蔺相如问了他们一句话:"你们认为,廉将军和秦王哪个人的势力大?""当然是秦王的势力大。"蔺相如又说:"对呀!天下的诸侯都怕秦王,但是为了保卫赵国,我敢当面责备他。为什么我见了廉将军反倒会退缩呢?强大的秦国之所以不敢来侵犯赵国,就因为我和廉将军两个人在。要是我们两个人不和,秦国知道了,肯定会趁机来侵犯赵国的。"

廉颇知道后感到十分惭愧,才有了负荆请罪的一幕。

我们可以将廉颇和蔺相如视为两个部门的主管,他们是否合作,则意味着他们各自所在的部门能否协作。如果蔺相如不是这么深明大义,避开廉颇的锋芒,而是选择了和廉颇对抗到底,两个人各司其政，各自在赵惠文王面前诋毁对方，为自己邀功，恐怕赵国就会一蹶不振了。

2. 不要让下属随便敲你的门

下属经常会有些事情想要麻烦你，希望你帮他们沟通或者协调一下。我的建议是，不要让下属随便敲你的门，不要让他们直接带着问题来敲门，应该让他们先养成自己思考的习惯，先自己沟通协调，如果他们自己思考了，并且真的没有办法解决，那么这个时候他们才能向你求助。

我在这么多年的工作中，遇到过这么几类员工。

一类员工希望拥有自己的创意，不想人云亦云，如果什么事情都问我，而我都把自己的想法告诉他们的话，我的话就变成了答案，他们自己却一点儿创意也没有。所以，他们不愿意一遇到问题就来敲我的门。

一类员工则认为，一遇到事情就去请示主管，是无能的表现。所以，如果有问题的话，他们会尽量先自己多方协调，力求解决，实在没办法了，才会带着他们的想法和计划来问我的意见。

还有一类员工情况就不一样了，他们太喜欢敲门了，事无巨细地请示。出现这种情况，主管固然要提醒下属，但一般我会先进行检讨，是不是我的言行让下属觉得我喜欢被请示，让他们逐渐形成了依赖心理？

作为主管，你不可能面面俱到，也不可能每一件小事都去为下属沟通、协调，如果你真这么做，那你下属的能力和价值如何体现？主管真正的工作是决策，而不是四处救火，凭一己之力解决所有的问题。因此，不要把自己变成救火队员，而要鼓励下属主动思考、主动沟通、积极协作，从而解决问题。

> 不要把自己变成救火队员，而要鼓励下属主动思考、主动沟通、积极协作，从而解决问题。

3. 让当事双方在你面前沟通

假如你是主管，下属张三敲门："科长，李四和我没办法沟通。"那你应该怎么办呢？你应该说："是吗？去把李四找过来。"当张三和李四都坐到你面前的时候，你就说："张三、李四，你们有事情不能够沟通，现在各自都说来听听，我看看是什么地方那么难沟通。"让他们把各自的问题摊开谈，你在一旁听。这样做，很可能用不了多长时间，甚至你还没说什么,他们就沟通好了,问题解决了。

其实,真正的问题不在于事情很难沟通,而在于当事双方的心态——我卡你,你卡我,谁怕谁?这才是问题的关键。

在他们谈话的时候,你要注意他们不够团结的地方:"张三,你是这个项目的总指挥,应该主动承担起这个责任啊。李四,张三是项目总指挥,你有问题,为什么不先把你的规划拿给他看一看?"有的时候,你还可以借题发挥,提醒一下他们,他们不能沟通,是因为犯了本位主义的错误,缺乏团队精神。

只要下属私下不能沟通,主管就应该让双方到自己的面前沟通。很多主管会犯一个毛病,一听张三说李四跟他不能沟通,就找李四来问,这样做,主管就变成传话筒了。请记住,主管是指挥官,是决策者,要看下属有没有好好地协作,而不是像小蜜蜂一样跑来跑去,替他们联结。正确的做法是少讲话,多

> 主管是指挥官,是决策者,要看下属有没有好好地协作,而不是像小蜜蜂一样跑来跑去,替他们联结。

听多看，让下属在你面前自己沟通。如果他们不会沟通或者沟通不好，那你就应该提醒他们，或者再严重点，给他们警告；如果他们始终如此，那就可以考虑让他们停职、转岗了。

针对不同的情况，你可以按不同的方式处理，总之，最终目的是要让员工学会协作，并自己沟通好。

4. 做滥好人只会损伤团队战斗力

管理企业跟带兵打仗一样，都要发挥团队精神。对于没有团队精神的个人，以及团队效益不好的小组或部门，一定要给予相应的处分。如果今天这个人不团结，这个部门不团结，你装作没看到，那它就会慢慢地腐蚀你们整个公司的团队战斗力，使公司的绩效下降，甚至没有绩效。所以，管理者不要做滥好人，对该处罚的一定要处罚。

不要做滥好人，对该处罚的一定要处罚。

5. 批公文不是只能在办公室

在公司里，如果大家的眼睛都往上看，那就表示公文统统压到了上面，下面的工作无法正常开展，只能等待。

我想讲讲我对公文处理的看法。一个公司处理公文应该是有期限的，我建议你对需要批的公文做一个期限的颜色管理，比如把文件夹分成红、绿、蓝、黄，以此来区分公文的轻重缓急。处理红色的文件，最好不要超过一天；处理绿色的文件，不要超过两天；处理蓝色的文件，不要超过三天；黄色的文件夹，处理的时间可以稍长一些，但最好不要超过一周。身为主管，你最好不要让公文压在你的手上。如果主管分好几层，每一层都压几天，那最终文件送到总经理和董事长那里的时候，要经过多少天呢？很容易耽误事情。

有一次，我从北京回到上海的公司，发现我的桌子上摆了七份公文。我很快就批了三份，但是那天黄昏我还要坐飞机去广州，要是全批完的话，时间就来不及了，可如果不批，又得耽误好几天。所以，我让李副总跟我到机场去。在去机场的路上，我拿出两份公文和他讨论。他解释，我听，我作决策，他记录，到了机场，那两份公文也批完了。我一看还有时间，就和他一边吃饭，一边处理了剩下的两个公文，最后，公文都批完了，我也正好赶上了飞机。

身为主管，尤其是高级主管，你要随时注意自己的桌上还有什么公文没有批，因为高级主管的公文只要一压在那里，整个公司的这部分业务就容易停顿，所以积压公文这个弊病一定要革除。大多数时候，并不是大家不想好好工作，而是一层层的批示、一关关的积压，最后把公文给卡住了，使工作没办法顺利地开展。我们应该积极思变，根据具体情况，不断地调整公文的处理方式，提高效率。

> 身为主管，你一定不要让公文积压在自己这里。

■■■■■ 打造高绩效的变动型组织

1. 水平沟通可加强部门间的协作性

随着环境的变化而不断调整自己活动方式的组织，就是变动型组织。其实，每个公司的大部分工作都不是由一个部门完成的，而是需要几个部门共同协作才能完成。

如图3-2所示，还是A、B、C、D、E五个部门，一共有四个项目。项目1需要A、B、C、D、E五个部门水平联结，项目2需要C、D、E三个部门水平联结，项目3需要B、C、E三个部门水平联结，项目四需要B、C、D、E四个部门水平联结。最上方的方框还是公司领导，至于领导在这些联结中的作用，在后文中会谈到。

第三章
优化团队的沟通形态

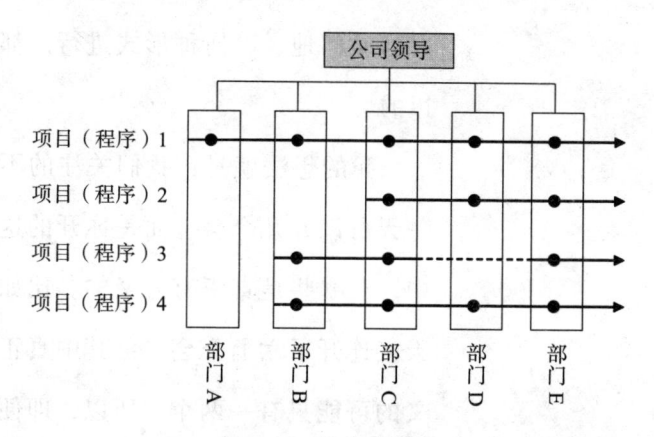

图 3-2 变动型组织

我们先看一个重要的名词，即"水平沟通的权力"，它在管理学上被称为"不完整职权"，因为各个部门都是平行的，相互之间不存在管理与被管理的关系，所以水平沟通是最难的。在垂直沟通的关系中，上下级的权力范围非常鲜明，下级会听上级的决定，所以沟通起来相对没那么难。

以前文提到的 A 集团为例。在集团内部，每当项目进行到某一个节点，需要部门间交接时，或项目出现什么问题，需要协同解决时，相关部门都会凑在一起开会、研讨、协商，且这样的沟通不是上级领导发起的，而是各部门根据当前需求自行发起的，目的在于推动项目顺利进行。

需要提醒大家的是，水平沟通对于增强部门间的协作性固然重要，但重要的并不是各种沟通会议，而是主动沟通的意识。也就是说，水平沟通并不拘泥于专门开会，只要能达到目的，在何时何地、以何种形式进行，都是可以的。

我的想法就是：我们关注的不是你一天可以开几个会，而是你开的这些会中，有哪些是真正有意义的。比如你一天接连开了六七个会，可其中真正有意义的可能只有一两个。所以，即便你一天开了这么多的会，也不足以说明你的沟通是非常高效的。

沟通最重要的方面就是速度和有效性，跟是不是开会决定的、是不是以文件的方式表现的，一点儿关系都没有。

水平沟通，高效的做法是：

能够站着谈，就不要坐着谈，因为站着谈可能十分钟就说完了，而坐着谈至少要半个小时；

能够在办公桌前解决的问题，就不要进会议室，因为在办公桌上大概二十分钟就能解决的问题，一进到会议室就要两个小时；

能够写便条，就不要搞文件，因为

> 沟通最重要的方面就是速度和有效性，跟是不是开会决定的、是不是以文件的方式表现的，一点儿关系都没有。

写便条一张纸就可以说清楚了，而搞文件一写就几页甚至几十页，不太容易弄清楚重点。

其实，重点永远就只有那么几个，重要的事情也只有那么多，重点的话也只有那么几句，你只要把这些重点抓住就可以了，别的事情应该尽量以简单、快捷的方式解决掉。这也叫"重点法则"。因此，不管处理什么事情，一天到晚地开会，一天到晚地下文件，实在是没有必要的。

2. 下放权力并鼎力支持

来看图3–2，最上面的方框代表领导，领导在这个过程中应该起到什么作用呢？

下面这句话是从一篇管理类文章中摘录下来的：

> 我坚信经理人应该迈向自己的工作目标，除了思考、计划、辅导员工、分配任务、签署文件以外，什么都不做。

这段话的意思是，一名管理者要把时间和精力放在这几件事情上：第一，思考自己公司的产品与服务；第二，拟定短期、中期、长期发展计划；第三，教育、训练、辅导自己的员工；第四，分配资源与任务；第五，及时批示文件。其余的事，应该让下属发挥自己的主动性、思考性和协作性，自己去解决。

身在团队中的每一个人都很重要，不管你站在哪里，都是团队的成员，都应该全力发挥团队的功能。单打独斗对于团队而言是大忌，管理者尤其应该谨记。如果管理者事事都不放心、不放手，员工就既不能自主，也不会思考，更不能相互合作了。这样的管理者是无法带领团队走向成功的，因为他没有一个能产生水平联结的团队。

那么，如何让员工和部门愿意产生水平联结，自发自愿地沟通和协作呢？答案是放权。公司领导在面对部门主管、项目负责人的时候，更应该注意放权。

我认为，很多公司的项目负责人没有把他的项目做得特别成功，跟这个项目负责人有没有权力有很大的关系。判断一个人能不能把一个项目做好，要看两件事情：第一，他有能力吗？第二，他有权力吗？你能够选择他当项目负责人，相信

第三章
优化团队的沟通形态

他的能力应该没有问题，所以，在大多数情况下，问题的症结在于他没有权力。

我有一次把我们公司的梁副总和各个部门的主管叫到会议室里开会。我说："站在我右边的梁副总，大家都认识。从下周开始，他将担任本公司Ａ计划的项目指挥，希望各位都能配合他。"我说这句话，就是让各个部门的主管都听从梁副总的指挥，尽量给他方便。我实际上是特意地肯定了梁副总的地位，以后，项目干得好不好就看他能不能很好地发挥作用了。

没过多久，就发生了一件事。梁副总有一个助理叫小徐，是从第三厂调过去的，和第三厂的厂长很熟。有一次，梁副总要小徐加班，小徐居然跑过去问第三厂的厂长："李厂长，梁副总叫我加班呢，我今天晚上想跟女朋友约会，你看怎么办？"李厂长居然这样回答："那你就别加班了。"

这件事情很快就被我知道了。我把小徐叫了过来，对他说："小徐，梁副总是项目指挥，他现在是你的主管，你一切得听他的。你不理梁副总的要求，居然问李厂长你要不要加班，你是什么意思？是表示你跟厂

团队

长是哥们儿吗？"

我又把李厂长叫过来，对他说："李厂长，那天开会的时候，你也在场。既然梁副总是项目指挥，你手下的人到了他那里，就是他的助理了。不管小徐是不是暂时调过去的，这段时间都应该完全听从梁副总的指挥，你凭什么说他可以不用加班？你们两个是不是想拉帮结派？"

知道我为什么要借题发挥，"上纲上线"吗？我是要给大家提个醒，既然我任命了梁副总做项目指挥，那么，所有有关这个项目的事情，梁副总就拥有绝对的权力，我也支持梁副总的权力。

请记住，没有高层管理者的适当放权和鼎力支持，有能力的项目负责人也不一定能把项目做好。

> 没有高层管理者的适当放权和鼎力支持，有能力的项目负责人也不一定能把项目做好。

3. 不要总等着别人来找你沟通

如果现在你是一个项目经理，那么我要提醒你，千万不要坐在自己的房间里，等着别人来跟你沟通工作。因为会主动跑过来跟你沟通的人非常少，更多的时候需要你去跟各相关部门主动沟通。

有的公司搞了一大堆小房间，每个主管一间。殊不知，小房间搞得越多，沟通就越困难。公司设立主管，是为了让具体的工作有人监管、有人负责，为了让公司的绩效得到保障，所以不应该人为制造沟通的障碍。

项目指挥要在周五交个报告给总经理，于是他在周一上午跟另外一个部门的冯经理说："老冯，我希望你们部门的报告最晚周四中午给我，我周四下午整理了以后，就可以交给总经理了。"

周一下班的时候，项目指挥问："老冯，你们的报告是不是开始写了？""哦，我打算明天写。""好的。不要忘了。""不会的。"

周二中午，项目指挥再去问："老冯，是不是写了一半了？""哦，刚写了三页。""需要我帮忙

团队

吗？""不用，我自己来。""麻烦你了。"

周三上午，项目指挥问老冯："是不是快写好了？""嗯，我尽量下班时给你，实在赶不完，就明天早上给你。""辛苦你了，老冯。"

这样，项目指挥在周四中午前就拿到冯经理部门的报告了。

如果不像上例中那么紧盯的话，你猜会发生什么事情？周一交代完了，到了周四的时候再去问他："老冯，那个报告你写完了吧？""啊？我忘了，我太太生病，我女儿考高中……"你会怪谁呢？就只能怪自己了。一个项目经理，不要等着别人找你沟通，一定要自己主动出击，不断紧盯，确保项目的每个环节不出纰漏，不被延误。

> 不要等着别人找你沟通，一定要自己主动出击，不断紧盯，确保项目的每个环节不出纰漏，不被延误。

4. 养成快速回报的习惯

项目执行的过程中，一定会遭遇一些变动、瓶颈或特殊情况，项目负责人在这时要及时、快速地向上一级主管报告，要养成快速回报的习惯。

前文提过，回报，是主动反馈，而不是等上司问起时才被动地回答。在遇到问题时，如果你的项目组能够解决问题，那么你可以在采取措施前和解决问题后分别向上司回报，让他了解状况；如果解决不了，你可以带着方案去找上司，请求支援。

此外，项目每完成一个阶段的任务，也是回报的时机。这样可以让上司对当前进度有个数，让他放心。万一有问题，也容易在一来一往的沟通中及时发现，及时修正。

一个执行力强的团队，其成员一定有主动回报的习惯。项目负责人养成回报的习惯，也能促使项目小组的成员这

> 一个执行力强的团队，其成员一定有主动回报的习惯。

么做。如此，负责人能很好地掌握项目的每个细节，小组内部也会产生良性的沟通氛围。

5. 不要把问题和意见锁在抽屉里

项目负责人应该怎样去了解项目里存在的问题呢？把意见和问题放在档案里面、藏在电脑里面、锁在抽屉里面，肯定是不行的，这样做，问题将永远都是问题，不会得到解决。因此，如果有问题，就一定要摊开来，摆在桌面上讨论。

把问题摊到明面上，让所有的细节都能被看见，有益于更快速地找出解决方法，才能把事情处理好。

■ 第四章

高绩效团队的核心

团队犹如一座冰山，看不见的部分永远比看得见的部分更重要，因为冰山的大部分是藏在水面下的。要打造高绩效的团队，绝不能只把目光放在水面之上的部分，而应该去努力挖掘水面之下的部分。那么，高绩效团队在水面之下究竟藏了些什么？让我们一探究竟。

第四章
高绩效团队的核心

■■■■ 团队的冰山理论

我们先来看看下面这句话：团队犹如一座冰山，看不见的部分比看得见的部分更重要，因为冰山的大部分是藏在水面下的。

物理学上说，冰山露出水面的部分跟藏在水面下的部分比例约为1∶9，可见，水下的部分才是冰山的主体，露出来的只是非常小的一部分。但我们经常犯的错误就是只看到了冰山的上半部分，而忽视了它水面以下的部分。当我们站在船上看冰山的时候，我们的立场就在船上，看到的永远都是水面上的部分。如果我们潜到了海底，就会发现原来水底下还有这么大一块！立场不同，所看到的东西也就不同了。

我们通常只关注我们看得到的，做事情也往往会从自己的立

团队

场出发，殊不知，这样会遗漏掉分量更大的部分。

判断某个组织是不是团队，是不是高绩效的团队，也可以遵循这个道理。比如我们说 A 集团是一个团队，不是因为它有一个很好的总经理，也不是因为它的员工上班穿制服，这些都是表面现象。我们不要只盯着表面现象，一定要换个角度，看到水面以下的深层根源。

图 4-1 所示的即团队的冰山理论，你会看到，一个团队之所以能成为高绩效团队，在人们不易看见的水面下方，有很多重要的因素在起作用。

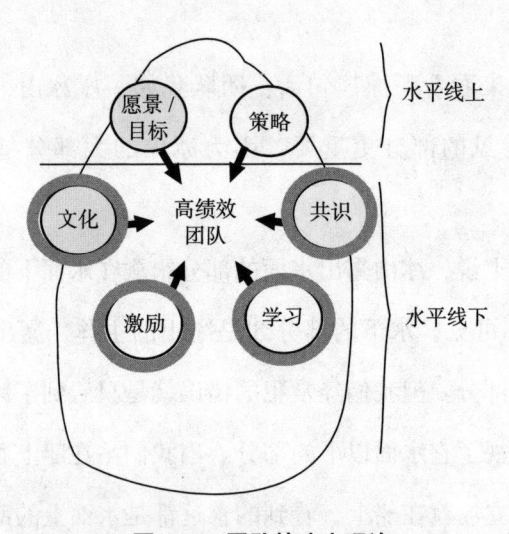

图 4-1　团队的冰山理论

我们先来看一个案例。

第四章
高绩效团队的核心

家得宝（Home Depot）是全球著名的建材家居零售企业，其前董事长兼CEO鲍勃·纳德利是一位非常具有人格魅力的经理人。

纳德利因为在通用电气运输系统表现良好，得以在1995年接掌通用电气电力系统（GE Power System）。上任之后，他成功地让这个濒临倒闭的部门一跃成为公司的明星部门。

纳德利还担任过通用电气某项消费性业务的主管。通用电气电力系统的产品在世界大型发电器材领域占有一半的市场，然而这项产业本身却严重不景气——公用事业大量削减投资，而且没有任何复苏的迹象。但纳德利深具长远眼光，他果断决定以扩大业务范围来带动成长——拓展到较小型的发电器材，投入新的产业区隔，对客户提供产品以外的服务。虽然一开始他遭到了怀疑和排斥，但最终还是成功了。

纳德利所展现的个人领导风格，能够赢得下属的支持并激发出他们的活力。他安排原本态度疏离的干部动起来，主动会晤公用事业决策者以及其他客户，从第一手的资料中了解电力系统该如何拓展市场。他还指导员工针对不同的客户和不同的项目，制定出具有新意的提案，也让他们从中发现自己从未曾想过的可能性。

他是亲自参与的典范。为落实自己的愿景，他会将其分割为可以逐步完成的任务。他还深入参与业务的各个层面，保持高度的好奇心并且精力充沛。在任何讨论结束时，他总会将应采取的行动归纳整理出来。

通过上述实例，我们看到，纳德利总能化腐朽为神奇，似乎缘于他能带动并长期维系员工的士气。

而这只是表象，纳德利影响的，正是"冰山"下面的部分，他在团队内部营造了一种文化氛围，促使大家对愿景达成共识，并激励大家朝着共同的目标奋斗。

有许多管理者认为，要激发员工的活力，建设一支有凝聚力的团队，只需要有一个经营的策略，并发表一些振奋人心的演说或描述一下美好的远景（即愿景目标），每个员工就会竭尽所长了。如果只看这两方面的话，可能每个企业都差不多。哪个企业没有自己的策略？又有哪个企业没有自己的愿景目标呢？因此，在残酷的商战中可以胜出的企业，肯定不是只靠上面提到的两方面，它们只是"冰山"上面的部分，起不了决定作用，这些胜出的企业必然有着其他的原因，那就是"冰山"下面的部分。

因此,我打算详细阐述的是图中"冰山"下面的几个组成部分:共识、学习、激励和文化,这四个方面才是打造高绩效团队的核心力量。由于激励部分的篇幅较大,所以我把它单独列了出来,放到后面讲。这一部分主要讲述共识、学习和文化三个方面。

共识：团队的根本

1. 公司上下应有共同危机感

共识，是指从"共同危机感"到"共同目标"的"共同意识与共同责任"（见图4-2），比较通俗的解释就是大家都有某种想法。

```
        ┌─────────┐
        │ 共同目标 │
        └─────────┘
             ▲
        共同意识与共同责任
             │
        ┌─────────┐
        │ 共同危机感│
        └─────────┘
```

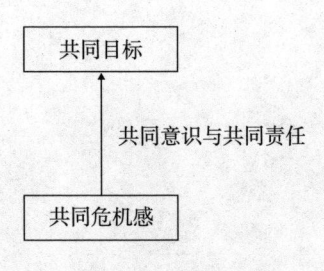

图 4-2　共识

第四章
高绩效团队的核心

> 三星集团副会长兼CEO尹钟龙告诫员工，要有"永恒的危机感"。万科集团董事会主席郁亮也有一句话："公司在最顺利的时候，就要开始变革，等到公司出问题的时候，再变革就来不及了。"

沿着开口向下的抛物线前进，只要到了最高点，那接下来肯定就是下落了。任何产业都是一样的，一旦形势出现了逆转，公司就需要一场变革，如果变革没有搞好，那这个公司就只有一条路——越来越衰败。可见，领导的危机意识很重要，而从一定程度上讲，公司上下是不是都有危机意识更加重要。

我们可以做一个实验，把部门主管全都叫过来，问他们公司有哪些潜在的危机，每个人写出三个。如果有人说他

领导的危机意识很重要，而从一定程度上讲，公司上下是不是都有危机意识更加重要。

怎么想都觉得没有危机，那你就可以告诉他，"你能说这句话就是一个很大的危机"，让他认真思考公司到底有哪些危机。如果有一个危机绝大多数人都写了，那么这个危机就一定是你们公司的危机，共识很重要。

大家对哪个是危机达成了共识，下一步就是解决危机。要记住，危机不是你自己的危机，而是大家的危机，所以不能把如何解决危机看成自己的职责。在公司的危机面前，全体成员要有共同意识和共同责任，我们应该把危机分解开来，分清每个部门的工作范围和职责，这样，每个部门都解决危机的一部分，整个公司的危机就可以逐步化解了。

2. 由两种管理导向延伸出的五种管理模式

从上文我们可以引申出两个问题：第一，一个公司一定要有一个凝聚的中

> 在公司的危机面前，全体成员要有共同意识和共同责任。

第四章
高绩效团队的核心

心,比如总经理、董事长或总裁,他们的风格是什么?第二,由共识所发现的问题,我们应该用什么样的风格去解决它?

一般来说,管理有两种风格:一种是以工作为导向,处处都强调工作和任务;一种是以人际关系为导向,以人为主。由此可见,工作导向的重点是关心工作,人际关系导向的重点是关心人。

我们简单地看一下图4-3,纵轴代表"关心员工"的程度,横轴代表"关心工作"的程度。对人、对工作都不想关心的,是"无为而治";过度关心工作而不关心人的,一般是权威式的领导,他们希望员工都能服从自己,是"权威-服从管理";一天到晚跟员工打得火热,过于重视人,不重视工作,是"乡村俱乐部管理";对工作和人都不是特别关心的,是所谓的"折中",代表了"中庸管理"。最好的管理模式应该是"全方位管

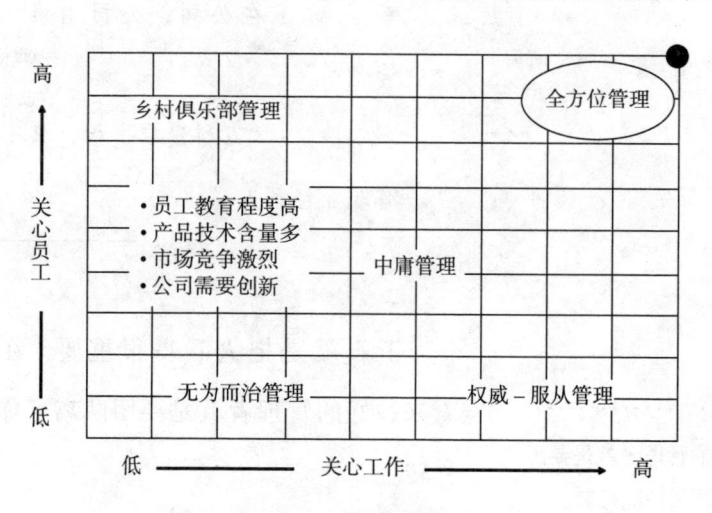

图4-3 五种管理模式

理",也就是右上角的那个点。这种模式既关心人又关心工作,两者兼顾。

3. 全方位管理的两条路线

全方位管理可以有两条路线:一条是从左上角往右走,一条是从右下角向上走。这两种走法方向不同、路径不同,但最后的目的地都是"全方位管理"。

有人问万科集团创始人王石:"你不在公司,公司由谁管呢?"

他说:"万科没有老板,只有职业经理人。"

> 好的管理者就是要团队离了你照样转。

王石就是把人看得很重要。在他看来,好的管理者就是要团队离了你照样转。

当然不是每个公司都这样,有些公

司是把做好工作放在前面，工作做了，再做人的工作，最后实现终极目标。这是全方位管理的第二条路线。

> 华为的老总任正非是一个为人非常严谨的领导，他在公司里绝对不会乱开玩笑，每一个从华为走出来的人也都对任正非非常敬畏。任正非是一位非常果敢、非常严厉的企业家。在他的眼中，首要的事情就是把工作做好。

这两条路线很难说谁优谁劣，我们可以根据自己公司所处的行业、工种的特点来决定选择哪条路线。

一般说来，高科技行业或竞争比较激烈、服务质量很重要的行业，如银行、酒店、航空公司、IT业等，需要先从人的工作抓起；而制造业一类的工作可以量化，技术含量不是很高，流程也比较规范，当市场竞争有序进行的时候，就可以先从工作抓起。

但是，不管大家要走这两条路线中的哪一条，我们的最终目标都是实现对工作和人的全方位管理。

有了这样的管理，让员工感到自己受到关注和尊重，他们才会把自己和公司视为一体，才会对公司的发展负起责任，才会上下一心，形成共识。

■■■■ 学习：团队的动力之源

1. 团队精神是学出来的

　　团队精神体现在生活中，就是一种教育和规范，也就是说，团队精神是学出来的。任何事情都是需要学习的，团队精神的养成也要经历这样一个过程。所以，我们不能空口谈团队精神，而要在教育中、在学习中逐渐培养这样一种精神。

　　团队精神的形成牵涉四个方面，即家庭、学校、企业和社会。每个人在成长过程中几乎都会面临这四个方面，每个方面都有与团队精神相关的东西。所以，一个人要具备团队精神，是多方面持续接受训练和教育的。首先是家庭教育，要培养伦理观念；其次是学校教育，要养成纪律性；再次是企业教育，要懂得规章的约束力；最后是社会教育，要学会遵守秩序（见图4-4）。可见，团队精神是培养出来的。家庭、学校、企业和社会，一个都不能少。我们接下来着重讲讲企业教育。

> 团队精神是培养出来的。家庭、学校、企业和社会，一个都不能少。

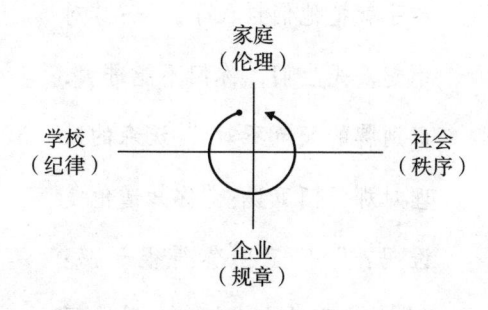

```
         家庭
        （伦理）
          │
          │
  学校 ────┼──── 社会
 （纪律）  │   （秩序）
          │
         企业
        （规章）
```

图4-4　培养团队精神的四个方面

2. 企业教育——懂得规章的约束力

企业强调的是规章。

> IBM有个规定：进入厂区的识别牌必须是浅蓝色的，进入行政区的识别牌必须是粉红色的。

119

团队

有一次，托马斯·约翰·沃森带着客人去参观他们的厂房，可能是因为疏忽，他们挂着粉红色的牌子就过去了。当他带着客人准备进去的时候，门卫伸手就把他们拦住了，说："对不起，先生们，你们不能进去，识别牌的颜色不对。"沃森的助理对那位门卫说："你知道他是谁吗？"门卫回答得很干脆："他是我们的大老板，但是公司给我的教育不是这样的。"沃森笑了一下，对他的助手说："他说得对，去把牌子都换成浅蓝色的吧。"

> 只有领导和员工同样遵守规则，企业才能形成团队精神。

只有领导和员工同样遵守规则，企业才能形成团队精神。

如果领导不遵守规章，会造成什么后果呢？很可能就是下面的人会跟领导

第四章
高绩效团队的核心

学。干部们在办公室打纸牌，门卫可能就会在门卫室里玩纸牌；公司主管在外面请自己的家人吃饭，都拿发票回来报销，员工可能也会拿几张这样的发票来报销；经理用公司的车去菜市场接他太太，送他孩子上学，员工可能就会开着公司的车带着家人去郊游……

所谓上行下效，"上梁不正下梁歪"，上面没做好，下面自然有样学样，这样，企业的规章就形同虚设，团队建设也只是一句空话。所以，我们以后不要常常指责基层员工，而应该先把自己约束好，先把自己的干部约束好，再去约束员工。

齐桓公喜欢穿紫色衣服。于是，上到士大夫下到平民百姓，都开始穿紫色衣服。紫衣制作工艺复杂，成本很高，这种行为蔓延开来以后，奢靡之风盛行。齐桓公深以为忧，便发布命令，禁止老百姓再穿紫色衣服，违者重罚。

可一年过去了，穿紫衣的人还是不见少，齐桓公很是无奈，便求教于管仲。管仲说："大王喜欢穿紫色衣服，下面自然有人模仿，怎能制止得住呢？如果大王您不穿紫衣，并且厌恶穿紫衣的人，那么不用制止，穿紫衣的人自然就会少了。"第二天上朝时，齐桓公换

团队

上了朴素的衣服，宣称他最讨厌紫色衣服，并对衣着朴素的大臣大加表扬。不到一个月，紫衣几乎就没有人穿了，价钱也大跌。勤俭节约的社会风气也逐渐形成了。

齐桓公自己穿着紫衣却禁止别人穿紫衣，禁令当然不会有效。而他自己先做到不穿紫衣之后，下面的人马上就跟着做到了。

公司的每一个员工都是独立的个体，不可能有一样的特质，但既然身处同一个公司，就应该遵守公司的规章。对公司来讲，最重要的一点就是所有人在工作中都要有相同的特质，即"一致性"——一个公司只应该有一种标准、一个战略、一种目标。如果一个公司没有规章，公司里的员工没有同样的特质，那么，它就不是一个好的团队，也不可

> ……■…………
> 如果一个公司没有规章，公司里的员工没有同样的特质，那么，它就不是一个好的团队，也不可能成为高绩效的团队。
> …………■……

能成为高绩效的团队。

　　因此，在管理中，一定要重视公司的规章，让员工都学习公司的规范，并且还要高层领导带头遵守，从上层开始维护规章的有效性。只有学习之后，我们讲团队精神、讲团队的形成，才会有实际意义。

团队

■■■■ 文化：团队的核心

1. 企业文化不是口号和标语

现在有很多公司都在讲企业文化，但是我发现，不少公司都只是把文化当作一个口号、一个标语、一个希望。这种理解是不正确的，企业文化不是口号，也不是标语或者希望。企业文化的形成要经过三个阶段：第一个阶段，要有共有的价值观，也就是大家都认为它很重要；第二个阶段，这种价值观最终融入大家的思想中，大家每天都会想到它；第三个阶段，要把这种价值观转化成行动，大家每天都把它以行动的方式表现出来。对一个公司来说，企业文化非常重要，它是公司发展、团队精神、创新学习的基石。

那么，什么是企业文化呢？我们可以用前述企业文化形成所

第四章
高绩效团队的核心

经历的三个阶段来判断。第一，是不是公司里的每个人都认为它很有意义、很重要？第二，是不是公司里的每个人每天都会想到它？第三，是不是公司里的每个人都会在行动中把这种价值观表现出来？如果上面三个问题的答案都是"是"，那么，这个就是公司的企业文化。如果答案是"不是"，那么，不管你是不是已经把你认为的企业文化挂在了墙上，那都是没用的，它不是你们公司的企业文化。

> 某集团领导在视察工厂的时候，发现厂里的墙上挂了很多标语。他问："挂在墙上的标语，大家都做到了吗？"周围无人回答。他又问："如果做不到，那挂在上面干什么呢？这不是告诉人家，我们做不到吗？"工厂负责人赶紧叫工人来拆标语，工人问："领导，以后做到的时候就可以挂上去了吗？"领导回答："做到了，不就更不用挂了吗？"

拆标语，其实是一个心理建设。只把标语挂在墙上却不去做，那这墙上的标语就是一种讽刺，就是在表达其实大家都不把它当回事。这个企业文化就没有建立起来。

要想靠企业文化来凝聚人心的，首先大家要有一个共有的价

团队

> 有了思想才会产生触动，有了触动才会表现出一种行为，长久的行为就是一种习惯，很多个习惯积累起来才会形成文化。

值观，一旦有了这种价值观，它就会慢慢地影响员工的思想。有了思想才会产生触动，有了触动才会表现出一种行为，长久的行为就是一种习惯，很多个习惯积累起来才会形成文化。

法国知名品牌巴黎欧莱雅能在中国做到今天的成绩，就是因为它有自己的文化——以"美力"感动中国。

欧莱雅（中国）有限公司副总裁兰珍珍说："任何人加入欧莱雅，都会变得非常有魅力。我们一直把美当作一种诉求，不断地灌输，不断地要求，不断地塑造。""欧莱雅不是只销售产品，而是在传播一种生活方式。"她还说，"追求美丽是欧莱雅文化的灵魂。"

从兰珍珍的话中我们可以

看出，欧莱雅的企业文化之一就是追求美丽。所以，欧莱雅要求它的员工上班时都把自己打扮得漂漂亮亮，整个公司的氛围也很好。在欧莱雅，美是一种思想，美是一种力量，美是一种内涵，员工每天在创造着美，传播着美。这就是他们所说的美是一种文化、一种灵魂、一种诉求。他们要让客户体会到自己在变美，在提高自己的生活品质。

2. 没有核心文化就没有竞争力

企业文化一般分为两个层次：一般文化（周边文化）、核心文化（主力文化）（见图4-5）。

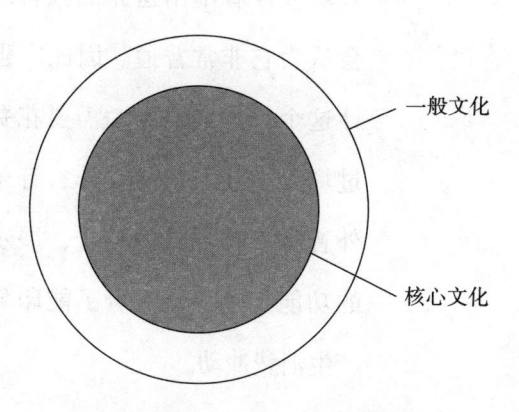

图 4-5　核心文化与一般文化的关系

一般文化

有的文化，比如品质、知识、创新、服务、关怀等，几乎每个公司都在讲，但这些只是文化的表层，我们通常把它们称为一般文化，也称周边文化。

核心文化

位于文化核心的，是与产品、行业直接相关的文化，叫核心文化，又叫主力文化。核心文化才是一个公司最重要的文化。

大家肯定都看过有关家居产品的广告。比如商品是床，如果只看床的话，人们或许看不出这床的独特之处，甚至会认为它非常普通。因此广告公司在设计这个广告的时候，需要花费心思，通过场景变换、演员动作、音乐搭配、画外音等多种方式的结合，展示出这张床的功能特色，让人看了能印象深刻甚至产生消费冲动。

> 核心文化才是一个公司最重要的文化。

第四章
高绩效团队的核心

而上述种种方式的产生，靠的都是创意。对平平无奇的商品，用创意产生卖点；对有独特性的产品，靠创意把卖点加强、放大。

所以，广告公司的核心文化就是创意诉求。

信诚人寿保险有限公司前 CEO 谢观兴说过这样一句话："保险，应该以保障为首要因素，只有保障是不能被替代的。"他这句话几乎概括了信诚人寿保险公司的核心文化。

很多人对买保险心存疑虑，不确定他们的受益人能不能拿到保险公司的赔款。这说明保险公司在这个方面做得不好，没有让客户放心。

所以，保险公司的核心文化是什么？应该是信赖与保障。这一文化最表层的表现，就是保险公司的业务员在跟客户约谈的时候绝对不能迟到，也绝对不能临时变卦。保险公司的人说话办事，一定要遵守保险公司的条约，自己要先以实际行动做出表率，树立诚信的形象，客户才会相信保险合同上那一大堆密密麻麻的文字。

以此类推，我们就可以知道：

医院和药店的核心文化是什么？是健康与关爱。

超市和便利店的核心文化是什么？是迅速与便捷。

餐厅的核心文化是什么？是干净、卫生与有营养。

3. 打造企业特有的文化

如何打造企业特有的文化？答案是从核心文化入手，把跟你的产品和行业有关的文化表现出来。

现在大部分公司讲的都是一般文化，这么讲不是不对，也不是说公司不要一般文化，但这些一般文化体现不出公司的特色。一个公司的核心文化至关重要，它有助于打造公司的凝聚力和核心战斗力，它是能让公司在商战中取胜的法宝。

说到公司的核心文化，大家一定要想清楚，到底什么地方能显示出自己产品的特性。这个问题想清楚了，就把握住了公司真正的核心文化。

微笑、服务、诚信和以人为本，是一般意义上的文化，所有的公司都应该做到，而核心文化则要通过你的行业特性表达出来，让大家感觉到这是一种你们特有的文化。

拿餐厅的文化来说，它确实需要微

笑、服务，所以我们经常看到餐厅门口站着漂亮的服务员，微笑着说："欢迎光临。"另外，餐厅一般对装潢也很重视，夜晚的时候，门口的霓虹灯五光十色。有这样"外表"的餐厅是能吸引到客人的，但是，如果这个餐厅的餐具不够干净，菜品看起来也不是很好，那这个餐厅的核心文化就没建立起来。核心文化没有建立，它就无法赢得顾客的喜欢，可能过不了多久就该关门大吉了。

提示一下，核心竞争力有两个含义：第一，我的产品别人不能替代；第二，我的本事别人不能模仿。

> 核心竞争力有两个含义：第一，我的产品别人不能替代；第二，我的本事别人不能模仿。

苏浙汇是著名的中餐品牌，广受各界名流推崇，我们一家每次去上海，也必会到苏浙汇餐厅去吃饭。其实，上海不乏好的中高端餐厅，苏浙汇之所以能经营20多年仍屹立不倒，

团队

是因为它有自己的特色、自己的核心文化。从它的几个特色中，我们就能看出经营者的用心。

苏浙汇的菜单每年都会更换，总经理要求厨师每年都要想出15道新菜。苏浙汇以江苏菜与浙江菜的融汇为基础，各地分店还备有风格迥异的地方特色佳肴，酒水会随着季节的更替而变换。

苏浙汇在上海金茂大厦裙楼的分店，餐厅设在二楼，一楼则是等待用餐区，还提供茶和点心，而一般的餐厅都是让顾客坐在门口等的。餐厅内的布局、陈设、墙面装饰，还有灯光、背景、桌椅等，全都经过精心设计。整个环境简单而精致，透露着宁静和典雅。

另外，苏浙汇很注重对员工的培训，所以他们的服务非常周到。举个例子，苏浙汇的服务员有一个区别于一般餐厅服务员的动作：一般餐厅在退盘子的时候，经常会从顾客的大腿和肩膀上方经过，很容易把菜汤滴到顾客的身上，而苏浙汇的服务员非常注意避开顾客。

第五章
会激励才会有高绩效团队

在现代社会，大家公认人是一种资源，但目前这种资源的潜能并没有完全被激发出来。很多公司的业绩不好，不是因为他们的员工能力不够，而是公司的领导缺乏激励措施。那么，什么是团队激励？激励的方法和工具有哪些？又可以通过哪些途径进行？

第五章
会激励才会有高绩效团队

▪▪▪▪▪ 建立激发人心的激励机制

总经理总希望下面的部门经理能帮他的忙，老板也希望所有员工都能够为公司的发展壮大出力，希望公司能成为一个高绩效的团队，这就需要激励。我给公司领导们的建议是要设计有效的激励制度，并在日常工作中注意细节处的小激励。只有有效的团队激励方式，才能使员工自动自发，不断提高公司的经营业绩。

一般来说，日常工作中的激励多是言语激励、公开表扬等，属于精神层面。而具体的激励制度，其激励内容一般分为货币性的和非货币性的。货币性的激励制度跟钱有关，如薪水、奖金、分红、股权、退休金等；非货币性的激励制度主要包括教育培训、研究环境、职场氛围、分权等，有些非货币性的激励也体现在日常工作激励中，二者并不冲突。这些激励手段的有效性，可以使员工充分发挥自主性、创造性，自觉融入团队，进行工作。

IBM创始人托马斯·约翰·沃森总是及时认可每个成绩。例如，给获得优秀业绩的员工或者贡献出新思想的员工当场奖励500美元。有一天，一个年轻人走进他的办公室，告诉他自己取得的一个了不起的成绩，高兴之余，沃森遍寻衣袋和办公桌的抽屉，希望找到什么能马上作为奖品，结果只找到一根香蕉，他就把这根香蕉给了年轻人，后者恭敬地接受了奖品。从那时起，香蕉在IBM就成了成绩的象征。

GE前CEO杰克·韦尔奇最成功的地方，就是他注重对下属进行激励，注重营造良好的团队氛围。他能叫出公司上千名高级管理人员的名字。公司上下，包括韦尔奇的司机、秘书以及工厂的工人都叫他"杰克"。他会亲自给基层员工打电话和写信，还喜欢和员工一起共进午餐。

韦尔奇手下曾经有一个经理人，因为不愿女儿换学校而拒绝了对他升职的奖励。韦尔奇知道后，写了一张便条给他："比尔，你有很多优点被我看中，其中一点就是你与众不同。你今天的决定更证明了这一点……"

试想一下，当比尔收到公司大老板的亲笔信时，会有什么感想？他能有什么理由去拒绝公司的调遣呢？

很多公司的业绩不好，不是因为他们的员工能力不够，而是公司的领导缺乏激励措施。

所以，建立激发人心的激励机制，对于打造高绩效团队至关重要。

> 很多公司的业绩不好，不是因为他们的员工能力不够，而是公司的领导缺乏激励措施。

团队

■■■■ **三步实现团队激励**

1. 第一步：肯定员工的作为和贡献

　　管理者常常认为员工所做的事情是应该的，并经常对他们的想法或者汇报加以批评，其实这样做是不对的。管理者应该先肯定员工，肯定他们对工作付出的努力、对某个问题进行了思考。如果真的对他们的言行有意见，那也应该留在后面说。

> 小崔写了一份计划报告，经理讲这种话："小崔啊，我七年前就是销售部的主管了，这个方法我早就想过了，没用的。你再动脑筋想想看。"如果经理这么说，小崔可能永远都不会想了。那经理应该怎么说？

"小崔啊，难得你为公司的产品想出了这个方案。我当年当销售部主管时也碰到了这样的情况，我也拟定了一个跟你差不多的计划，后来发现这中间有些问题，没有行得通。不过，也许现在的情况不一样了，这个方案能够顺利实施。我先把我当初碰到的问题讲给你听听吧，你看看你在操作的过程当中有没有碰到这些问题，算是个借鉴。你回去可以再研究研究你的方案，看看还有什么需要修改的。"经理这么说，小崔回去以后肯定会更加积极，努力地把方案完善好。

一味地批评、打压，只会挫伤员工的自信心和积极性，多多肯定和鼓励，才能激发员工的奋斗热情。

2. 第二步：看到员工面临的限制和障碍

在别人受到限制或遇到障碍的时候，你一般都会怎么做呢？许多人只会旁观、看热闹，有人甚至会说风凉话，做一些对他人的现状没有什么帮助的事情。这些做法都是不对的。

身为管理者，在员工遇到困难的时候，你应该首先进行安抚。

> 你们公司要裁员，小邱被辞退了。"小邱啊，别难受，反正大家早晚都要被裁掉的。"这样就是在说风凉话。如果你说："小邱啊，公司的裁员计划我也很无奈，因为公司现在的情况不太好。但是，你别难过，我想办法把你介绍到其他公司去，帮你找一个合适的机会。还有，你去了新公司以后，如果工作上有困难，请你一定告诉我，我会尽力帮助你的。保持联系。"小邱离开的时候心里肯定暖暖的，如果你以后有什么地方需要他，他一定会不遗余力地帮助你。

当下属遇到问题需要你的帮助时，你要不遗余力地给予支援，如果你一时也无法解决这个问题，那你也要记住，绝对不要说无关痛痒的废话，因为这些话不但不利于团队激励，反而会挫伤士气。

第五章
会激励才会有高绩效团队

一天,胡厂长来找王总经理,他说:"王总,这件事我们厂没做好,是我的失职,但我也确实没有办法,有些人我管不了。"其实王总经理心里很清楚,胡厂长说的是董事长的小舅子,厂长动不了他。

于是,王总经理对胡厂长说:"那我帮你想想办法,找时间我去跟董事长聊一聊,看看他能不能说说他小舅子。"虽然这样说也没有解决实际问题,但至少比"那你就不管他""那你把他开除了"之类的风凉话要好。这样,胡厂长也会有信心继续好好工作。

总之,不要在旁边讲风凉话。讲风凉话不能提高团队的士气,无法激励团队成员,相反,还会打击士气。

> 讲风凉话不能提高团队的士气,无法激励团队成员,相反,还会打击士气。

3. 第三步：为员工的需求提供方法和援助

如果员工没有完成任务，那可能就是他缺少可行的工作方法。

我给管理者一个建议：

当下属没有做好工作的时候，你不要只会批评下属，要把方法拿出来。大家都没有方法的时候，你把你的方法摆出来。对下属不要责骂，要提供方法。在没有更好的方法以前，公司领导的方法就是最好的方法。

> 对下属不要责骂，要提供方法。在没有更好的方法以前，公司领导的方法就是最好的方法。

售楼处业务员小谢从外面回来了，老总问他："小谢啊，跟董老板签约了没有？""没有。""你干什么去了？一个月了都还没有签约！怎么卖个房子这么困难？"这样只会打击小谢的自信心，起不到激励的作用。

老总可以这样跟小谢说:"小谢啊,我们很希望别人买我们的房子,但这只是终极目标,在这之前,我们还有很多工作要做。促成一笔交易,一般要经历五个阶段。第一个阶段,要让买家记住你这个人。第二个阶段,要让买家知道你卖的是什么。第三个阶段,要让买家告诉你他喜欢什么。第四个阶段,要让买家告诉你,如果他暂时不想买你的房子,原因是什么。第五个阶段,摸清了原因,再想想有没有解决办法。比如,如果他想买,但是家人不同意,你可以给他一份合约,并跟他说:'董老板,我们谈完的条件统统写在上面了,您先留着。'这样,董老板每天都会看到你给他的这张合约,心里也会反复地掂量,过一段时间,他可能就已经认定这房子是他的了,哪怕家人反对,他也会把这个房子买下来。"

老总的方法可能有特殊性,但至少给小谢指出了一个方向,有了参考,小谢就知道自己该怎么做了,而不再抱怨。

当我的员工没有办法拿下一个订单的时候,我都会把我的经验告诉他,甚至会带着他一起去见这个买家,让他坐在我的旁边，听我怎么跟买家谈。以后再遇到类似的情况，他就可以自己搞定了。

领导要留住人才，要发展壮大公司，一定要对员工多说激励的话、有意义的话，如"小邱，这是我的建议""小谢，这是我给你的忠告""小刘，你听听我的想法"。这样说，效果肯定就不一样了。为他人的需求提供方法和援助，并不只是帮助了别人，而是可以惠及整体的。想想看，每个员工的绩效都上去了，那么公司这个团队的绩效不是也上去了吗？

第五章
会激励才会有高绩效团队

团队激励的工具

用什么激励的方法才能收到良好的效果呢？根据管理学研究和实务中的情形，我们发现，员工基本上都是在追求以下几件事情：第一，基本薪水和补贴；第二，奖金、分红；第三，股权；第四，培训的机会；第五，发展前景；第六，公司氛围；第七，老板的人格魅力。那么公司可以利用员工在乎的这些东西来激励他们。

我们可以按照激励与货币的关系，简单地把激励的工具分成两种：一种是跟货币有关的激励，叫作激励的货币性工具；一种是跟货币无关的激励，叫作激励的非货币性工具。

1. 激励的货币性工具——最直接的激励

货币就是钱，跟钱有关的，无非是基本工资、各种补贴、奖金、分红、股权、无息贷款、员工消费折扣、子女奖学金、五险一金、商业保险等。不管以哪种形式，最后的结果都是要激励员工。

我有几个问题。第一，上述货币性工具中，你们公司已经实施了哪些？第二，没有实施的部分，你打算从哪个开始做起？第三，如果把这些货币性工具列一个表给你的员工，让他们按照自己感兴趣的程度从高向低排列，他们会最喜欢哪一个？排在前五位的又是哪几个？

下面详细说明一下我个人认为比较重要的货币性工具。

绩效

有的公司实行"业绩工资制"，就是把业绩和工资捆绑在一起，业绩越好，薪酬越高，这极大地激励了员工。这些公司的这种做法就利用了激励的货币性工具，效果非常好。

> 我们公司集团总部规定，每个月从员工的绩效工资中扣5%，公司拿出同等份额，两部分钱合在一起，作为年底奖金的一部分，如果员工每个月的绩效都为

正,且不离职,那么到年底就能全额领到这笔钱,否则,公司只会返给员工他自己那5%的部分。这不仅调动了员工的积极性,也降低了离职率。

分红

我对分红特别重视。我们公司规定:公司赚钱的时候,要从税后净利润里提出 10% ~ 15%,按照不同的比例分给全体干部和员工。所谓不同的比例,就是按照每位干部或者员工对公司的贡献大小来划定的比例。这样,员工就容易产生"这是我的家,这是我的公司"的想法。而一旦多数员工都有了这种想法,公司的团队建设就有了可靠的保障。

要特别注意的是,分红和股权是两回事,可以分红的人不见得是持股的人,但持股的人通常都是可以分红的。

> 一旦多数员工都有了"这是我的家,这是我的公司"的想法,公司的团队建设就有了可靠的保障。

股权

对股权，我有几个想法：

第一，股权给谁？我认为，除非一个人已经进入公司四五年，否则不要考虑给他股权。一是因为他工作时间不长，公司无法全方位评估他的能力如何，对公司有没有贡献；二是因为我们不知道这个人会不会马上离开公司，如果他一进来就持股，很有可能带着股份就走了，对公司的发展无益。

第二，股权怎么给？不要一下子给出去，应该一点点地给，比如今年给1%、明年给2%，如果你一次给了他10%，那以后就没法再激励他了。所以要循序渐进地给，让他一直有奋斗的目标，他才会持续努力工作。

第三，警惕股份大量外流。股份可以分给公司的员工，但是不能立刻卖掉兑现。如果大部分股份流通到公开市场上，被竞争者买去，那就麻烦了。所以，要给用于激励的股份设置限售条款，规

> 如果大部分股份流通到公开市场上，被竞争者买去，那就麻烦了。

定必须持股一段时间，待解锁期后才能出售。从另外一个角度来说，如果员工立刻把拿到的股份卖掉，那也表示他或许对股份没什么兴趣，更看重现金。在这种情况下，就不要分给他股份，直接给他钱。

第四，公司如何回购股份？我们公司规定，在公司工作不满15年的人，离职时不能把股份带走，股份应该由公司购回。当初把股份分给员工的时候，是按照账面价值计算的，购回的时候，也应该按照账面价值购回。分的时候就要规定好如何给、如何购回，因为股价是在不断变化的，今天7块钱一股，也许等公司要买回来的时候，已经涨到50块钱一股了，为了避免产生纠纷，这些条款必须有明文规定。

第五，技术股怎么处理？有一种股份叫作技术股，即员工不出资，凭自己的技术获得的股份。所以，我认为技术股可以给，但不能全给，一定要有一些现金

技术股可以给，但不能全给，一定要有一些现金股。

股。比如技术股是10%，那就让持股人抛2%~3%的现金出来，这样，他会非常注意节省成本，把公司当作自己的家。

第六，股份可以分出去多少？我认为，如果把股份分到自己只剩下50%或者40%的时候，那你对公司的影响力就会大大降低了。创始股东或者公司主要的董事握有的股份不宜低于51%。如果别的持股人持有的股份加起来是51%，你是49%，那一开会他们的总表决就能够压过你，你就失去了对公司的控制权。

如果一直需要分股份的话，应该怎么办呢？我的建议是，公司一定要有一些相关的子公司或者分公司，要尽量利用子公司、分公司甚至是子公司的子公司、分公司的分公司的股份。集团总部的股份一定不要随便分，总部的股份分光了，自己的控制权就会没有了，这是一个非常现实的问题。

> 集团总部的股份一定不要随便分，要尽量利用子公司、分公司甚至是子公司的子公司、分公司的分公司的股份。

2. 激励的非货币性工具——比金钱更有效的激励

不是每个人都把钱看得很重要，所以公司不能永远只用钱去激励员工。激励员工的第二个工具，就是非货币性工具，也就是跟钱没有关系的激励。

激励的非货币性工具有哪些呢？教育培训、调迁、工作环境、设备、职场氛围、工作扩大化与丰富化、内部表扬等，都是激励的非货币性工具。

下面详细说明一下我认为比较重要的非货币性工具。

教育培训

刚毕业的大学生，只懂得一些基本的理论，大部分的工作技巧都是要靠公司培训的。而大部分的员工都希望可以借由公司的教育培训，让自己成长。培训是对员工最好的福利，公司对员工的教育培训，是一笔非常重要的投资。

> 不是每个人都把钱看得很重要，所以公司不能永远只用钱去激励员工。

> 培训是对员工最好的福利。

团队

从人力资源管理的角度来看，如果我们对一个员工进行教育投资，那之后他会给公司带来多少价值，这个价值是大概可以用数字来量化的，这表明人力资源也是一种有价值的资产。我建议把对员工的教育培训视为一种投资，只有在他的身上投资，增加他的知识、技术和经验，公司才会有更强的生产力。

> 某外资企业在上海的分公司，每年都把一些管理层人员送到欧洲去学习，这个投资其实是非常大的。我问过他们的副总："回来的人全部都留下了吗？"他说："总会有一两个走掉的。"我说："那不可惜吗？"他回答了一句让我很赞赏的话："每个公司都难免会有人要走，二三十个出国学习的人回来只走一两个，还是值得的。但是，我们也要去思考，为什么那一两个人从国外受训回来还想走，我们是不是还存在什么问题？"

工作环境

上班的环境如何会对置身其中的员工产生非常大的影响，氛围好的话，会对员工形成激励；氛围不好的话，也许会适得其反，对员工产生消极的作用。

> 美国某酒厂的理念是：要生产出完美的酒，首先每个员工自身要有追求完美的意识和习惯。为此，该酒厂营造了很好的职场氛围，以使每个员工都能主动践行工厂的理念。
>
> 酒厂每隔一段时间就会请一些乐团来工厂演奏，让员工欣赏美妙的音乐，从而陶冶性情。同时，厂区中还布置了很多雕塑。艺术本身就是一种美，当员工经常被美熏陶，他们做事情的时候就会追求完美，和工厂的理念保持一致。

该酒厂的这种职场氛围，就有效地激励了员工。

有的公司会放背景音乐，因为只要不干扰员工的工作，适当的音乐会缓和员工的情绪，让员工更专注于手中的事情。

有的公司在上班的时候，会每天拿出一个固定的时间，让大家活动，比如做体操、踢毽子。

有的公司会让员工有一个可以放松的空间，比如在办公室里专门设立一个休息室，状态不好的时候就可以过去休息一下。休息室里有咖啡和饮料，有沙发，有音乐。公司还规定，在休息室里不准打电话谈公事。所以，员工可以很舒服地在里面休息。

有的公司会给工厂里的每台机器都取一个名字，这个名字由这台机器的操作员自己取，这样，冷冰冰的机器就被温暖的名字取代了。当机器出问题的时候，操作员就会说："我的'胖胖'生病了。""我的'花花'出问题了。"工作起来，操作员肯定会更仔细地对待自己的机器。

还有的公司，尤其是一些外企，每天下午3点或3点半是专门的下午茶时间，大家利用半个小时时间，喝喝茶、吃吃水果，放松一下。

以上方法都是为了营造一个良好的工作环境，让员工可以缓和情绪，轻松地工作。而员工的情绪越好，公司的生产力就越高。

分权

分权和授权是不一样的，我先作一下区分。

授权是指上司暂时把权力给下属，上司不在时，下属代为行使职权，上司回来了，下属就要归还权力。分权则是现代企业为发挥低层组织的主动性和创造性，而把生产管理决策权分给下属组织的一种做法。打个比方，一个月饼切成四块，张三、李四一人一块，我拿两块，等月饼的主人回来的时候，我们不需要把月饼再还给他，这几块月饼我们可以自由支配。这就是分权。

适当的分权是成功的一半。一个事无巨细全都要亲自过问、

第五章
会激励才会有高绩效团队

不懂得分权的人，很难有大的建树。

保罗·芬特内尔·范·弗利辛根是欧洲富豪之一，他拥有SHV控股公司。SHV控股公司的总部在荷兰，经营能源和消费品。在短短的几年里，由于范·弗利辛根采用了合理的用人方式，公司的销售额和利润都增加了数倍。

范·弗利辛根的成功之处就在于：他懂得分权给他人。他相信"时势造英雄"，会给属下造势，让他们发挥出巨大的能量。他认为，给下属一些权力，就会得到一些回报，让下属承担起一定的责任，他们就会展翅高飞。

在企业里，要想员工积极主动地工

> 适当的分权是成功的一半。一个事无巨细全都要亲自过问、不懂得分权的人，很难有大的建树。

作，就一定要分一些权力给他，让他能够自主地操作。不管这个权力是大是小，对员工来说，这就是一种激励。

从授权到分权，中间有一个教育培训的阶段，员工只有在经过教育培训后，公司才能够放心把权力给他，所以我们通常的做法是先授权，过渡之后，慢慢地把权力分给他，让他自动自发、自由自主地去运用自己的权力，而不必事事向领导请示。

工作扩大化与丰富化

第一，工作扩大化。

工作扩大化是指工作范围的扩大，从而给员工增加了工作种类和工作强度，它使员工有更多的工作可做。

如果一个人长时间只干一项工作，会感到很枯燥，而让他同时监管左右两边的人的工作，他会比较愉快，更重要的是，如果旁边的人临时有事离开一会儿，那他马上就可以补位，不会出现工作链断开的情况。如果说原来员工只需要完成一道工序，那现在他就要完成多道工序。这对员工而言具有挑战性，不但可以让员工掌握更多的知识和技能，还能提高员工的工作兴趣。在需要的时候，员工还可以随时支援、随时补位，增加了成就感，有利于激励员工。

第二，工作丰富化。

工作丰富化与工作扩大化类似，它也是指扩展工作范围或者增加任务。不过，工作扩大化是指水平意义上的扩大，而工作丰富化则是指垂直意义上的丰富。具体而言，工作丰富化是一个垂直的过程，包括自己订计划、自己执行、自己监督、自己考核，即在工作中赋予员工更多的责任、自主权和控制权。

工作丰富化可以提高对员工的激励水平和员工对工作的满意度，还可以提高员工的生产效率和产品质量，对降低员工的离职率和缺勤率有着积极作用。

实现工作丰富化的要素包括增加员工责任、赋予员工一定的工作自主权和自由度、给员工充分表现自己的机会、及时将有关员工工作绩效的数据反馈给员工等，这些可以用来提高员工的责任心和决策的自主权，提高其工作的成就感。

看到自己的错误，包容员工的错误

作为公司的管理者，你要明白，主管难免会有毛病，总经理也可能会犯错，并且一定要愿意为自己的错误和毛病去承担责任。所以，你应该常说"对不起，这是我的疏忽""这件事情我没有想到，是我的错"。这些话看似很简单，但能这么讲的管理者很少。回想一下，自己身边经常这样说的人多吗？你自己又承认过几次错误？

团队

杰克·韦尔奇在《杰克·韦尔奇自传》一书中，坦承自己在职业生涯初期曾犯下许多用人不当的错误，不过，一旦知道自己错了，他会立刻承认："这是我不对。"

接下来，他会认真反省自己错在何处，注意聆听别人的看法，吸收更多信息，直到找出真正的原因。在这样的磨炼下，他的表现越来越出色。他也领悟到，当别人犯错时，光是责罚于事无补，反而应该借机指导与鼓励，让他们重拾自信。

> 当别人犯错时，光是责罚于事无补，反而应该借机指导与鼓励，让他们重拾自信。

其实，人犯错了有什么关系呢？人非圣贤孰能无过？大家都会犯错，认错没有什么丢脸的。而总经理偶尔认错的效果肯定会非常好，因为这会对员工起到很大的激励作用。如果总经理都敢于承认错误了，员工又怎么能不勇于担当呢？

相反，我们的公司要常常容忍员工犯错，给他们学习、纠错的机会，让他们积累经验。这种成本是公司应该支付的，如果我们不负担一些成本，员工怎么可能成长呢？

每个员工都需要学习，你要给他们创造学习的机会，让他们从具体的事务中得到经验和教训。即便他们做得不对，解决问题的办法最终是你提出来的，但你在最初的时候也要问问他们有没有更好的方法，让他们去尝试着解决问题，并从中汲取经验和教训。

注意语言上的激励

不管你要和下属沟通什么问题，你都要说："这是公司的策略，目前我的想法是这样的，你还有什么更好的方法吗？"

不管你要和下属沟通什么问题，你都要说："这是公司的策略，目前我的想法是这样的，你还有什么更好的方法吗？"

这首先对他来讲就是一个激励，表示你认同他，并希望他能提出更好的意见，这说明你认为他可能会超过你。所以，他会很受激励，会更积极地去寻找好的办法。

一天，员工小蒋向李总汇报工作，并提出了一些自己的看法。听完之后，李总觉得他的意见没有什么价值。这时候，李总该怎么跟小蒋说呢？他可以说："以后你不要拿这些烂主意来给我看，浪费我的时间！"他也可以说："你的想法有你的道理，但是有几个地方你可能疏忽了。"如果是前一种说话方式，可能会让小蒋觉得自己没有能力、很笨，李总不喜欢他，也许他以后就再也不会主动说自己的意见了。而后一种说话方式，则会让他认为李总对自己是持肯定态度的，自己只是有几个小问题没有处理好，以后多注意肯定能做得更好。两种不同的语言表达方式，会有两种完全不同的效果。

影响谈话效果的很重要的一点就是语言给人的感觉，同样的意思用完全不同的方式去说，效果可能会有很大不同。所以，和下属谈话要注意方法和态度。一般来说，用提建议的方式肯定会比直接批评、直接否定的方式要好得多，好的态度可以起到非常积极的效果。

注意心态上的激励

我们要关心员工的精神状态和身体状况，还应该疏解他的压力，缓和他的紧张情绪，只有在员工的身体和情绪都没有什么问题的时候，他才能把注意力都放在工作上，尽心尽力，否则，很可能会出现"有心无力"的情况。

我们经常开玩笑地把员工比作摇钱树，如果这棵摇钱树缺水少肥料，我们既不灌溉也不施肥，就只天天在那儿摇，能摇得出钱来吗？肯定不能。

我们公司有个员工叫小马，有一次她上班的时候身体不舒服，被公司同事送到了医院。当时我不在公司，只是听说了她的情况，知道她的心脏有点问题。我得到消息后，马上打电话过去，要求公司的人帮小马换一个条件比较好的医院，医药费公司可以先垫付。

我这么做，是因为我知道小马是个很不容易的孩子，她妈妈去世得早，爸爸身体又不太好。现在她是我

团队

们公司的员工,是公司的一员,我们有责任好好照顾她。

小马出院后,对公司非常感激,多年以来,一直尽心竭力地工作。

作为公司的领导,请你注意一下员工的心情,注意一下他的身体状况,帮他缓解他的压力和紧张,这不仅能使公司的管理非常人性化,还能对公司的团队建设起到很好的作用。

公开表扬

在公司里,常常会出现这样的情况:员工提出的意见,不管是思想方面还是工作方面的,反映到上面去以后,就变成主管和领导的意见了。我们应该注意的是,相当一部分的有益意见都是一线员工提出来的,如果他们总是得不到应有的表扬的话,时间长了,他们肯定

> 相当一部分的有益意见都是一线员工提出来的,如果他们总是得不到应有的表扬的话,时间长了,他们肯定就不愿意为公司出谋划策了。

就不愿意为公司出谋划策了。对公司来说，这是非常大的一个损失。

小李下班以后，想起了现在的销售计划中可能还存在几个问题，就打电话告诉了副总经理，副总经理也觉得很不错。第二天开会的时候，副总经理是这么说的："我昨天晚上睡觉前，想起一件事情，觉得我们这个销售计划还有几个盲区没有注意到，现在跟各位说一下。"其实这几个想法是小李昨天晚上打电话告诉他的。他这样说，小李以后还会再跟他讲自己的想法吗？肯定不会了。

其实，副总经理应该这么说："各位，我昨天晚上睡觉前，接到了小李的一个电话，她说我们的销售计划中还有几个盲区，我认为她说得很有道理，这几个方面我们确实是疏忽了，应该重新思考一下。小李的想法非常不错，应该特别提出表扬。"听到这样的话，小李的心里又会是什么感觉呢？她肯定是备受鼓舞，会继续努力地为公司提出中肯的建议。

一个公司的销售业绩很好了，销售部一定有贡献，分管销

团队

售的副总是董事会要重点奖励的人。可是，我们为什么不从基层的员工开始奖励呢？我们应该为表现好的基层员工提供一个公开表扬的机会，让公司的其他人都知道他为公司做出了贡献，这么做，也可以发挥出榜样示范的作用，激励更多的员工为公司献计献策。

第六章

妥善解决团队冲突

许多人畏"冲突"如狼虎,却不知道冲突和绩效也能扯上正面关系,甚至可以利用冲突来改善绩效。那么当团队遇到冲突时,我们应该如何看待,又该如何控制,从而让冲突转化成改善绩效的动力呢?

第六章
妥善解决团队冲突

▪▪▪▪ 学会利用冲突来改善绩效

一般来说，人们都认为冲突是负面的，是一种对抗，认为人与人之间不应该发生冲突，如孩子不能与父母发生冲突，学生不能跟老师发生冲突，员工不能跟上司发生冲突。

我认为，"冲突"本身不是褒义词，也不是贬义词，而是中性词。冲突是一种互相对抗的过程，是一方对另一方有意见或想法时，表达出不同的意见并采取相应措施的过程。

但是如果冲突过了头，就会变成负面的了，这里有一个限度的问题。我们应该把冲突控制在抛物线的顶端，过了这个点，将会带来动乱和不安（见图6–1）。

团队

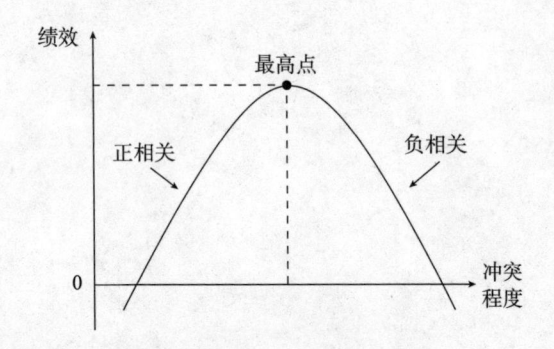

图 6-1 冲突与绩效的关系

图 6-1 中，纵轴代表绩效，横轴代表冲突程度。在绩效不高的时候，因为存在冲突，大家会不断地提出改善的想法和建议，这时绩效会上升，上升到一定程度，绩效与冲突的正相关关系就达到了最高点，如果再继续冲突，绩效就会下降了。

由此，我们可以看出，冲突与绩效构成了函数关系，抛物线左边是增函数，抛物线右边是减函数。

某家飞机零件制造商 H 公司有一项新策略：除了制造产品，还为客户提供各种解决方案，包括增加产品的售后服务等。

这样，H 公司内部面临着一系列挑战：当业务性质由出售商品转变为出售解决方案时，员工的技能组合需要哪些变动？训练工程师从事设计解决方案这项新任务，需要多长的前置时间？又该由谁负责？等等。

第六章
妥善解决团队冲突

其中,确定哪些员工将无法胜任新策略的挑战是相当棘手的。但为了整个策略的顺利实施,这项工作必须完成。因此,公司领导针对这一问题展开了激烈的争论,虽然过程比较艰难,但最终还是制定出了一套大家都认可的标准。

如果有一天你们公司开董事会的时候大家吵起来了,你觉得怎么样?我觉得只要能解决问题,没有什么不好。争吵只是一个手段,我们要利用这个手段来凸显问题、解决问题。

总之,如果冲突可以改善绩效,那么它没有什么不好。如果冲突过头了,那肯定是不对的,因为这时绩效就会下降。

> 如果冲突可以改善绩效,那么它没有什么不好。

团队

▪▪▪▪▪ 面对冲突的五种做法

图6-2是一个坐标，纵轴代表的是有原则和无原则，横轴代表的是不协作和肯协作。根据这两个轴，我们可以得到五个点。

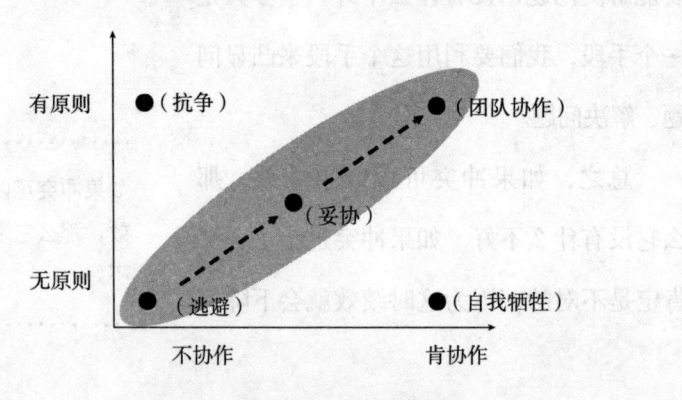

图6-2 面对冲突的五种做法

第六章
妥善解决团队冲突

1. 逃避

在遇到冲突时，习惯逃避的人既没有原则又不愿意跟别人协作，这种人是最糟糕的。比如，公司开会的时候，小林总会有意见，但你真要询问他的意见时，他却会说："我没有什么好的想法，但是我反对你们的提议。"这就是不积极地思考方法，又不肯跟别人协作的典型。

2. 抗争

太强调原则而不愿意协作就叫作抗争。这样的人非常强调自己的原则，不愿意向对方妥协，以比较极端的方式来对抗与自己有冲突的一方。

抗争可能更多地体现在两个冲突主体之间的立场上，每一方都从自己的立场出发，希望对方能遵照自己的规则来行事，如果两方互不妥协的话，就很难达成一致意见，从而导致冲突得不到解决。

举个例子。一个已经洽谈了很长时间的客户，在你以为马上就可以签约的时候，突然改变了主意："如果你们公司不再降价15%，我们公司就不采购了。"对方的态度很坚决，如果你也同样坚决，坚持自己之前的立场并一口回绝的话，那你们肯定就

> 对于冲突，切莫过于坚持自己的立场，应该在可能的范围内寻找解决办法。

合作不成了，你这么长时间的努力也就白费了。但你确实也不能轻易答应他们的要求，因为之前你已经做了很多让步。那到底该怎么做呢？我建议要寻找双方都可以接受的条件，一味地抗争绝不是解决问题之道。

记住，对于冲突，切莫过于坚持自己的立场，应该在可能的范围内寻找解决办法。

3. 自我牺牲

在遇到冲突的时候自我牺牲，刚好和上面的两种做法相反，那就是肯协作，但是这种协作没有原则，是委曲求全、自我牺牲的协作，意义也不大。我认为这样做是不对的，每个人都应该有自己的原则，不能一味迁就别人。

公司开会的时候，经常有人不发言。我个人认为，不发言就是对公司的事情无所谓、漠然、没兴趣。实际上每

第六章
妥善解决团队冲突

个人的肚子里都装了意见，因为他对公司的事情不关心，所以不愿意讲出来。下次再开会的时候，你可以点不发言的人，说："老杨，我发现每次开会你都没有意见，今天这个事情你发表些看法吧。""哦，我没有什么看法，领导的意见就是我的意见。""老杨，你这种态度有点漠然啊，怎么可能没有看法？哪怕你有意见，想反对，也可以讲。"这样一来，他就讲了。

我喜欢有原则的人，那些没有原则、一天到晚附和别人的人，我不会重用他们。一味的自我牺牲对团队来讲是没有任何意义的，公司的发展需要独立的人，需要不同的声音。

说到这里，我还要提醒一下大家，员工在会上不愿意发言，也可能不是因为他不关心公司的事情，只是因为公司没有这种文化。如果你的员工在开会的时候不愿发言，那你要先想一下是公司的问题，还是他个人的问题。

> 员工在会上不愿意发言，也可能不是因为他不关心公司的事情，只是因为公司没有这种文化。

4. 妥协

妥协也被称为"骑墙派"。你说他没原则,但他有时候又有原则,你说他肯协作,但他有时候又不协作,由此可见,善于妥协的人其实是一些机会主义分子。这样的人,在妥协和不妥协之间、有原则和无原则之间摇摆,于公司的发展无益。

5. 团队协作

团队协作是处理冲突最好的取向,其他四个尤其是走极端的抗争和自我牺牲,都是不可取的。有团队协作精神的人,就是有原则又肯协作的人,他们能说出自己的想法和意见,但是遇到冲突需要顾全大局的时候,他们又能放下自己的想法,服从大局。这才是高绩效团队需要的人。

> 有团队协作精神的人,就是有原则又肯协作的人,他们能说出自己的想法和意见,但是遇到冲突需要顾全大局的时候,他们又能放下自己的想法,服从大局。

第六章
妥善解决团队冲突

2004年底，联想集团和IBM在北京宣布，联想以12.5亿美元收购IBM个人电脑事业部，收购的业务为IBM全球的台式电脑和笔记本电脑的全部业务，包括研发、采购、生产和销售。

联想集团原总裁杨元庆成为联想集团董事会主席，而CEO则由IBM原高级副总裁兼IBM个人系统部总经理的史蒂夫·沃德担任。

这是一个中西合璧的管理层。杨元庆是中国人，他的背后是中国的文化、中国的家庭教育背景、中国的社会人际关系和中国的做事方法；史蒂夫·沃德是美国人，他的行事方式代表的是美国的文化、美国的原则和美国的方法。他俩都很有能力，如果合作得很好，那么联想就可以进入世界前三名；如果相互间不合，有冲突，那么联想不但进不了前三名，说不定还会跌到第五名、第六名。不过接下来的一年里，联想做得很好，这说明杨元庆和史蒂夫合作得非常愉快。

虽然他们一直合作得很愉快，但是一年以后，杨元庆发现，史蒂夫是一个守成有余、创业不足的人，要他"开疆辟土"可能有些困难。而联想要面对的是戴尔、惠普及其他的电脑公司，只能守业的史蒂夫是

175

不足以担当引领联想继续前进的重任的。

"应该换掉史蒂夫。"杨元庆当初提出了这样一个建议。如果 IBM 不同意的话，那么就会有冲突。但是 IBM 没有表示不同意，换掉了史蒂夫。2006 年，比尔·阿梅里奥来到了联想，成了联想的新任 CEO。

比尔·阿梅里奥一到联想上任，就提出两个建议。

第一个建议是，联想是一个跨国大公司，不应该只有一个领导中心，不能什么事情都集中到北京决策，这会影响效率。联想同意了这个建议。所以，现在的联想是两个指挥中心，一个在北京，一个在美国的北卡罗来纳州，管理学上称之为"双核理论"。

第二个建议是，比尔·阿梅里奥认为，电脑做好了再拿出去卖，这种做法并不正确，电脑应该是先做一半，然后把另外一半的完成放在终端市场，针对某个地方的具体需求再去组装。这个建议联想也采纳了。联想电脑现在是一半在总部制作，一半在终端市场组装。

从把史蒂夫·沃德换成比尔·阿梅里奥，再到比尔·阿梅里奥上任后提出的意见均被采纳，这都说明联想和 IBM 是非常有大局意识、善于协作的团队，都能在必要的时候放下自己。

联想的案例，说明一个强大的团队应该是在团队中每个人都有自己想法的前提下，每个人都可以为了大局，只发出一个声音，得出一个结果，执行一个战略。这就是团队协作——处理冲突最好的做法。

> 团队协作——处理冲突最好的做法。

团队

▪▪▪▪ 怎样化解团队内部的冲突

1. 开会前对敏感问题应个别沟通

要想化解冲突，对敏感的问题一定要个别沟通。如果不进行个别沟通，直接把敏感问题拿到会议桌上去，一旦起了冲突，就会非常尴尬。所以领导一定要做好会前沟通工作，尽量避免在会议中让自己处于尴尬的境地。

> 我打算把我们上海公司的一个干部调到徐州去，我就跟他说："小贺，我很重用你，我打算把你调到徐州去当总经理。"

第六章
妥善解决团队冲突

小贺说："余总，我刚结婚。"

我说："小贺，这个情况我知道。你去徐州，可以每个月回上海看你老婆一次，你老婆每两个月也可以去徐州看你一次，飞机票由公司报销。"

"但是……"

"小贺，公司派你到徐州去，就是想让你培养一个徐州的干部，等你培养好了，我就把你调回来。我们以一年为期，怎么样？"

"好的，余总。"

第二天开会的时候，我对大家说："我们公司的贺经理即将调任徐州做总经理，大家祝贺他一下吧。"小贺坐在那里，什么反对意见都没有，他已经完全认同了我对他职位的调整。

但是，如果我没有事先跟他沟通，开会的时候突然宣布这个调令，也许他马上就会说："余总，我不能去。"那我不是把自己放在了一个非常尴尬的位置上了吗？

案例中我的做法叫作"会前会"或者"会外会"，重点在于个别沟通。真正开会的时间不多，要把需要沟通的敏感问题放到会外来解决，开会时直接宣布结果，既可以避免可能出现的尴尬

把需要沟通的敏感问题放到会外来解决，开会时直接宣布结果，既可以避免可能出现的尴尬场面，也能提高会议的效率。

场面，也能提高会议的效率，因此"会前会""会外会"非常重要。

2. 有结果前对各方意见加以隔离

　　公司领导在询问下属意见的时候，可以仿照德尔菲法。德尔菲法是一种反馈匿名函询法，也被称为"专家意见法"，主要流程是在征得专家对问题的意见后，对意见进行整理、归纳、统计，再匿名反馈给专家，再次征求意见，再集中，再反馈，直到得到一致的意见。运用在团队讨论中，可以是团队成员相互之间不讨论，各自拿出自己的意见，再在不知名的情况下参考别人的意见，进而改进自己的方案。

　　假设某个公司的总经理和底下的几个干部讨论问题时问："你们觉得公司该不该改变经营

策略啊?"这种情况下,大家多半会说同意,因为总经理的问话带有一种暗示,让大家觉得总经理认为应该改变策略。记住,每一个领导,千万不要随便在下属的面前表露出自己的意见,你一表露出来,大家就会向你倾斜,你就什么意见都听不到了。

所以,总经理应该这么跟他们说:"我现在问你们几个问题:第一,我们公司的经营策略应该改变吗?第二,是否改变,依据是什么?第三,如果改变的话,怎么改?应该分成几个阶段?你们分成四组,每一组五六个人,各组分别讨论,相互之间不要通气,等讨论完了给我答案。"

等四个小组的讨论结果出来后,要让每一组都看到其他

> 每一个领导,千万不要随便在下属的面前表露出自己的意见,你一表露出来,大家就会向你倾斜,你就什么意见都听不到了。

三组的结果，但小组之间仍然互不交谈。之后，四个小组再各自讨论，得出结果，如此循环往复，这四个小组的讨论结果就会趋于一致了。

交互发生参考、彼此隔离询问是一个比较好的做法。请记住这个做法，以后对于有的问题，处理意见的形成要隔离、要交叉，否则直接拿到会场上，容易产生冲突。

3. 提升自己的人格魅力

经理人要培养自己的人格魅力。经理人只有培养起了自己的人格魅力，才能更好地控制住冲突。

一个经理人要让自己发挥出人格魅力，可以从三方面考虑：自信与负责、道德与操守、牺牲与奉献。

> 一个经理人要让自己发挥出人格魅力，可以从三方面考虑：自信与负责、道德与操守、牺牲与奉献。

作为管理者，如果你也具备了上面提到的三个人格魅力，那么你就可以控制住冲突，化冲突为际遇，变不可能为可能。

4. 可以改善绩效的冲突都应该接受

前文说过，公司不应该害怕冲突，而是要反过来研究这个冲突对公司的绩效有没有帮助，这个冲突会不会给公司的生产产生积极的推动作用？如果答案是"是"，那么就接受这个冲突。

英特尔公司的员工入职培训中有一门课——学会如何吵架。当然，他们为这门课取了一个很好听的名字——建设性对抗（Constructive Conflict）。建设性，就是有益于改善绩效的，对改善绩效有助益的。建设性对抗，就是可以改善绩效的对抗。英特尔公司"建设性对抗"的最终目标是解决问题，而不是把矛头指向个人，是对事不对人的。另外，英特尔公司规定，在提出对抗之前，一定要准备充分的相关数据来支持自己的反面观点，而且要以最及时的方式来实践，而不是等到事情失败之后。

5. 找到冲突的薄弱环节

任何冲突都有比较薄弱的环节，即在这些地方可能出现松动，我们可以从这里迈出第一步，找到化解冲突的比较便捷的方法。

一堵厚厚的墙，我们直接去推，是很难推倒的，但如果挖墙角，慢慢地就会把这堵墙弄倒。

因此，如果你们公司要进行变革，或者要推动一个项目，你都可以从松动的第一步开始。不要说你们公司没有可以松动的地方，这是不可能的，每个公司都有一些可以松动的地方，只要你找对地方，然后从那个地方开始，就可以逐步解决问题了。否则，各方所持的原则或者立场会一直存在，如果大家总是坚守自己的原则的话，冲突也将会一直存在。

6. 公司决定的就是对的

妥善处理争执的非常重要的一点就是，在开会起争执的时候，大家都可以充分地说出自己的意见，表明自己的原则，但在会议结束的时候，答案要只有一个，因为公司需要有一个总的大方向，每个公司的财力、物力、人力有限，不可能用各种各样的方法去做各种不同的事情。所以，我们要提出"公司决定的就是对的"。在公司统一的战略、政策或原则之下，每个人可能有很多不同的战术，但是公司的大方向、大原则是不可以随便变动的。

公司只有集合大家的意见，并经过充分的冲突和整合，才能形成共同的目标、共同的方向和共同的策略，全体成员才能组成一支真正的高绩效团队。

团队

▪▪▪▪▪ 怎样化解团队与外界的冲突

1."破冰"从简单的地方入手

> 只有简单的问题解决了，复杂的问题才有可能得到解决。

破冰要从冰层最薄弱的地方开始，因为那个地方最好融化。如果从冰层最厚、最硬的地方入手，那这个冰层基本上是破不了的。做事情也是同样的道理，如果一开始就从双方争议的焦点问题入手，那后面的事情大概率没有希望向前推动了。

只有简单的问题解决了，复杂的问题才有可能得到解决。因此，开会讨论和研究问题的时候，不要一开始就去碰那个最难解决的问题，我们先解决一些简单的问题，把复杂的问题放在后面，那么问题就能逐步解决了。

> 销售的时候，客户的第一个问题通常是这个东西多少钱，但如果你把价钱直接讲出来，可能就卖不出去了。
>
> 比如销售一辆汽车，你可以告诉他：先生，在你没有了解我的东西的价值以前，我跟你讲价格是没有意义的，因为价格是价值的体现。我们可以先来研究一下它的价值在哪儿，然后您再看看它值不值这个价钱。
>
> 这时，你就可以让他试驾一下，感受这辆车的性能和与众不同之处。等他有了直观的体验了，你再告诉他这款车的价钱，或许他就不会觉得贵了，说不定还会马上付首款，买下这部车。

可见，有争议的敏感性问题应该统统放到后面，前面的流程顺畅了，后面的问题也就迎刃而解了，这个方法尤其适用于原则性问题的解决。

2. 在有争议的地方寻找契合点

在面对矛盾和冲突的时候，我们可以遵从以下的方法：第一，矛盾双方都各让一步，即先让步；第二，剥离不是问题的因素，只留下存在争议的问题；第三，在有争议的问题上寻求解决方案。注意，这里所说的剥离不是把问题拿掉，而是把不是问题的因素拿掉。

一个28岁的姑娘爱上了一个20岁的小伙子，因为小伙子比她小了8岁，所以她的父母不太看好这段恋情。

其实谈恋爱双方的年龄大小，跟他们两个人会不会幸福没有太大的关系。另外，一个人的年龄大并不代表他的心智就很成熟。两个人以后是否幸福，关键还是在当事双方如何相处。所以，小伙子的年龄大小没有那么重要。追根究底，到底是女儿嫁给多大年纪的小伙子比较重要，还是那个小伙子是否真心对待自己的女儿比较重要呢？肯定是第二个问题比较重要，第一个问题就不成问题了。

■ 附录
工具表单

表一 团队凝聚力测试表

序号	内容	判断
1	团队内的沟通渠道比较畅通，信息交流频繁	□是 □否
2	团队成员有强烈的归属感，跳槽的现象比较少	□是 □否
3	团队成员的参与意识较强，人际关系和谐	□是 □否
4	团队成员间会彼此关心，相互尊重	□是 □否
5	团队成员有较强的事业心和责任感，愿意承担团队的任务，集体主义精神盛行	□是 □否
6	团队为成员的成长与发展和自我价值的实现提供了便利的条件	□是 □否

使用说明：

目的： 帮助你判断团队的凝聚力，看看哪些方面需要加强。

填写： 根据表格中的提示，在相应的方框中画"√"。

团队

表二 企业核心文化与一般文化的特征表

部门名称	文化特征
整个公司	
人力资源部	
财务管理部	
技术开发部	
生产管理部	
市场营销部	

使用说明:

目的:分析整个公司的核心文化或一般文化,掌握它们的文化特征,并在平时的工作中区别对待。

填写:根据表格中的提示,填写相关内容。

表三 企业文化测评表

序号	测评对象	A（10分）	B（8分）	C（6分）	D（4分）	E（2分）
1	每个人拥有独立自主权的程度					
2	鼓励员工冒险的程度					
3	目标和绩效相结合的期望程度					
4	各部门彼此协调运作的程度					
5	经理人支持员工的程度					
6	规定和管理办法的多寡以及员工的自主思考、合作程度					
7	员工认同整个组织的程度					
8	薪酬跟绩效结合的程度					
9	允许员工公开批评和争执的程度					
10	内部沟通不受到层级限制的程度					

使用说明：

目的： 帮助分析企业的企业文化发展程度，以利于形成良好的工作氛围。

评定标准： A——程度非常高，理想状态。

B——程度比较高，满足要求。

C——基本满足要求。

D——略有不足。

E——不满足要求。

团队

填写：根据表格中的提示，在相应的项下画"√"，然后将所有的得分加起来。

- 如果得分大于 80 分，说明公司的企业文化较先进，应继续保持；
- 如果得分是 60～80 分，说明公司的企业文化尚有很大的上升空间；
- 如果得分小于 60 分，说明公司的企业文化较薄弱和落后，应注意培养，尤其要注意得分较低的项目，一定要加强改进，否则不利于公司的长远发展。

表四　工作紧急性分析表

姓名：　　　　　　　　　　　　　　　日期：　　年　　月　　日

序号	工作内容	非常紧急（马上要做）	紧急（短时间内要做）	不很紧急（可以从长计议）	不紧急（无时间要求）
1					
2					
3					
4					
5					
6					
7					
8					

使用说明：

目的： 帮你分析每天（每周、每月）的工作紧急程度，以此安排工作的先后次序。

填写： 根据表格中的提示，填入相应的工作项目。